people

Via Cavour, 6
21013 Gallarate (VA)

ISBN 978-88-32089-32-5

Prima stampa: novembre 2019
Ristampa: gennaio 2020

Progetto grafico:
Riccardo e Tommaso Catone

www.peoplepub.it

BUONISTI

di Iacopo Melio

A mia sorella Costanza,
che cresca sempre in mezzo ai buoni.

Le toilette sono l'unico angolo di questa maledetta scuola dove sono sicura di stare tranquilla. Riuscire a risparmiarmi un quarto d'ora di supplizio rende la mia giornata meno insopportabile. Purtroppo, però, questo momento di pace dura sempre troppo poco. Mi sento addosso gli sguardi degli altri. Vedo i loro sorrisetti quando mi fissano, sento che guardano le mie scarpe da ginnastica vecchie, i miei jeans sfilacciati, il mio maglione con il collo alto e il mio zainetto. Ho sentito qualcuna chiamarmi «barbona». Dieci metri di cortile, 156 gradini e un corridoio mi separano ogni volta dalla classe. Questo per me è come il percorso di un combattente: schivare i colpi, i calci, gli sputi. Chiudere le orecchie per non sentire gli insulti e le prese in giro. Loro controllano il mio zaino e i miei capelli, mentre io trattengo le lacrime durante questi minuti infiniti. «Bisognerebbe inventare una categoria solo per lei. La tipa che non sa né vestirsi né pettinarsi, ad esempio.» Lo ha detto una ragazza ridacchiando. «No, piuttosto quella che non ha capito che sta usando l'armadio di sua nonna» ha risposto un'altra. «Pensi che sappia dell'esistenza degli specchi?» «Ma certo che no, altrimenti sarebbe già morta di vergogna!» E ancora, e ancora, e ancora... E io non ce la faccio più. Ma nessuno saprà di questo inferno che mi porto dentro. Un ragazzo l'altro giorno mi ha spinta e sono caduta a terra davanti a tutti. Vedendoli ridere non sono riuscita a trattenere le lacrime. Mentre mi rialzavo a fatica ho sentito qualcuno gridare «vuoi un fazzoletto?». Attraverso il velo di lacrime ho visto che mi lanciavano dei fazzoletti usati. Ho sentito qualcosa finire sui miei capelli, di nuovo. Toccandoli alla ricerca di una pallina di carta o di una penna ho sentito un chewing-gum incollato ad una ciocca. In bagno, due ore dopo, ho cercato di toglierlo ma non ci sono riuscita: ho dovuto tagliarmi l'intera ciocca. Potevano prendermi in giro quanto volevano, sarebbe stato comunque meglio che girare con un chewing-gum in testa.

Quello che avete letto è un pezzo di diario realmente esistito.

Come realmente esistita è Émilie, la ragazzina che lo ha scritto.

Aveva diciassette anni, amava gli animali e voleva fare la veterinaria.

Émilie frequentava il college privato Notre-Dame de la Paix di Lille. Era bravissima. I libri erano il suo mondo, un rassicurante rifugio diventato una condanna.

Gli insegnanti e il direttore sapevano delle violenze che subiva, eppure sono sempre rimasti impassibili. Nessuno ha protetto Émilie dall'intolleranza che proseguiva anche fuori, sui social network, senza darle pace.

Aveva diciassette anni, amava gli animali e voleva fare la veterinaria.

A niente è servito il sostegno psicologico: la depressione ha portato Émilie a pesare 42 chili, logorandola in silenzio fino a quel 19 dicembre del 2015.

Sulle spalle il peso di parole d'odio, insulti e calci tra i banchi di scuola e una pioggia di offese in rete.

Fuori tirava un vento fresco e il cielo era limpido.

Aveva diciassette anni, amava gli animali e voleva fare la veterinaria.

Le sue mani fragili hanno aperto la finestra dell'ufficio a casa del padre. Uno sguardo sulle colline intorno. Il silenzio di un mattino che deve ancora risvegliarsi.

Émilie inspira, assaggia l'aria fresca, quasi sorride. Forse. E poi chiude gli occhi.

Aveva diciassette anni, amava gli animali e voleva fare la veterinaria.

Genesi di un Buonista

Questo libro non è un saggio, né un manuale, e nemmeno un romanzo. Non ha una morale e non dispensa insegnamenti, mi dispiace. Ci sono buoni e ci sono cattivi, di certo lo avrete già intuito, ma nessuna pretesa di salvare il mondo. Quella, la voglia di migliorarlo e migliorarci, deve partire soltanto da noi, in ogni azione quotidiana.

Questo libro rappresenta un pezzetto di una realtà, oggi concreta più che mai, di cui si parla tanto ma mai abbastanza. Racconta ciò che spesso è, nonostante non debba proprio essere. È un tentativo di alleggerire il peso di un macigno sociale: parlandone per non stare in silenzio, guardandolo per non chiudere gli occhi.

Tutto questo era una necessità, un'esigenza che avevo da tempo. Non mi bastava più qualche post sporadico di denuncia su Facebook, sentivo che serviva fissare concetti e schifo su carta, suscitando una reazione in chi mi avrebbe letto.

Così, adesso, vi racconto come nasce un "Buonista". Che se provare sentimenti di accoglienza, nel senso più ampio possibile, e aprirsi all'altro per camminare mano nella mano accanto ai diritti è una colpa, allora sì: voglio essere colpevole in quanto Buonista.

Quando scelsi di aprire il mio primo blog, circa dodici anni fa, non potevo immaginare a cosa sarei andato incontro. Non potevo prevedere ciò che quello spazio virtuale che chiamai *A forza di essere vento*, camminando come un funambolo sulle parole di De André, sarebbe poi diventato due angoli più avanti.

Ho iniziato a scrivere a metà liceo, quando idee e senso critico iniziano a formarsi e lentamente metti in fila incertezze e passioni, cominciando a capire dov'è che ti senti più a casa. Ed è in quel periodo che ho scoperto il potere sociale che può avere la scrittura. Piano piano quello spazio di espressione personale è diventato così un luogo collettivo dove ospitare le storie degli altri per raccontare emozioni, diritti, sogni trasversalmente giusti.

Con l'inizio dell'università è arrivato anche il primo impegno politico. Un attivismo locale modesto, sottovoce, che in qualche modo si è incastrato con la scrittura che intanto, da semplice passione e finestra sul mondo, stava diventando una timida forma di lavoro: le prime collaborazioni per "giornali" online (siti senza alcuna valenza come testate), pagate non più di due euro a pezzo, totalmente in nero nonostante promesse e illusioni.

Anni interi di gavetta, che poi era sfruttamento, precarietà senza prospettive future. Anni di domande, paure e incertezze: se da un lato c'era un ragazzo con disabilità che stava macinando esami a Scienze politiche, dall'altro c'era un mondo del lavoro ancora inaccessibile per chi aveva meno strumenti pratici rispetto agli altri.

Poi i social network hanno preso sempre più piede e con loro si sono create nuove professioni e modalità di interagire con gli altri, diversi linguaggi per raccontare e raccontarsi: non più blog ma "pagine Facebook". Per questo decisi di tagliare ogni forma di collaborazione rinunciando a quei cinque spicci per investire tempo ed energie unicamente in una pagina a mio nome.

Così, dopo anni di idee, racconti, opinioni e battaglie messe in fila, il mio nuovo spazio è cresciuto, seppur lentamente, giorno dopo giorno e post dopo post. Fino a giugno 2014 quando lanciai, con un articolo ironico e provocatorio («Sono single per forza, non piglio l'autobus!»), una campagna di sensibilizzazione che, grazie alla sua viralità inaspettata, ha dato poi vita alla Onlus #Vorreiprendereiltreno, con la quale, dopo quasi cinque anni, continuo a fare divulgazione, finanziando progetti sociali insieme a tanti bei compagni di avventure. Ad oggi i sostenitori sono circa 250mila da tutta Italia: il vero motore che ci ha permesso di raggiungere traguardi meravigliosi, per tutti.

Fin qui tutto bene, direte voi. Pare quasi una favola di Andersen: il ragazzino sfigato che, vuoi per essersi trovato al posto giusto nel momento giusto, vuoi perché forse qualcosina di efficace è riuscito a comunicarlo, ha maturato un pubblico di quasi un milione di lettori, sommando tutti i suoi canali 2.0. Ma allora perché siamo qui a parlarne? Per autoreferenzialità? Cosa c'entra tutto questo coi cattivi? Datemi solo qualche minuto e poi la parte noiosa sarà finita, faccio una semplice premessa.

Lavorare è un diritto, così come un diritto resta esprimere pienamente il proprio ruolo di cittadino. La politica non è solo impegno, passione o – talvolta – lavoro, è una necessità che ognuno di noi dovrebbe sentire come prioritaria affinché sia consapevole di ciò che gli accade intorno. D'altronde facciamo politica sempre, nelle azioni più quotidiane, ma non per questo scontate, a partire da quando scegliamo di iscrivere o meno nostro figlio all'asilo, e se farlo in una struttura pubblica o privata.

Da tutto questo, purtroppo, per molte persone dovrei restare fuori. Come se l'aver bisogno di una carrozzina per spostarmi mi affibbi automaticamente un'eterna etichetta di "disabile", tenendomi a distanza da tutto ciò che non riguarda la mia categoria. «Pensa alle cose tue!», infatti, è quello che mi viene detto alla prima occasione di confronto con persone contrarie alle mie idee (chissà perché, quasi sempre chiuse e intolleranti, le loro), come forma più vigliacca di censura.

Screditare non è mai stato così facile. Guardare dall'alto in basso, sminuendo chi si ha davanti, anche se filtrato da uno schermo, costa poco: qualche diminutivo di scherno senza averti mai conosciuto («Iacopino»), qualche presa in giro verso il tuo corpo, per poi finire in malauguri, offese, minacce e rutti vari di cattiveria come unica forma di dialogo possibile.

Insomma, se hai un lavoro e in più osi schierarti dalla parte della giustizia sociale, degli ultimi e delle "Anime salve", lo fai sicuramente per un tornaconto personale. O comunque non puoi occuparti di troppe cose insieme, dai, devi scegliere! Stipendio o no-profit? Handicappati o altri sfigati?

Così come non si sono mai viste delle balene fare beneficenza a un'associazione che tuteli i diritti LGBTQ+ (al massimo gli unicorni), non esiste che un ragazzo con la cartella clinica di un settantenne sostenga cause che non gli appartengono. Un minimo di coerenza! Tanto sulla nave di una Ong non ci potrebbe comunque salire a causa delle barriere architettoniche... Che poi, con tutti i problemi e i pensieri che ha, va a pensare pure a chi scappa dalla guerra per rubargli la pensione e i sussidi statali?

OK, torniamo in noi, per carità.

Questo libro, dicevamo, nasce un po' per gioco e un po' per bisogno, proprio perché l'hate speech un gioco non lo è affatto. Per questo ho deciso di raccontare la mia esperienza personale con gli hater, ovvero gli odiatori del web, i "cattivisti" (con la "c" minuscola), provando ad accostare un sottofondo ironico per non dimenticare quanto serio sia il problema dell'odio online. E soprattutto di una ferocia universale, che non risparmia nessuno.

Basti pensare che secondo una ricerca di Amnesty International, condotta grazie a 150 volontari che hanno analizzato più di 33mila contenuti riguardanti le ultime elezioni europee, l'80% dei post contenenti la parola "rom" incitava all'odio e alla violenza, il 77% dei post sull'"immigrazione" presentava contenuti negativi, il 76% dei post dedicati alle "donne" era di tipo misogino, per poi proseguire con un 75% di post discriminatori circa le "minoranze religiose" e addirittura un 66% di post offensivi riguardo alla "solidarietà".

Se negli anni sono riuscito, non senza fatica, a costruirmi un minimo di spazio pubblico – che mi ha inevitabilmente portato a farmi un po' di scorza, nonostante le mie spalle rinsecchite, fino a sorridere di certi leoni da tastiera sgrammaticati (chissà perché una pessima forma espressiva riflette spesso il marcio interiore) – è perché ho scelto di non mollare quegli ideali che preferiscono accogliere le persone anziché allontanarle o schiacciarle. Sicuramente il mio carattere mi ha aiutato molto, ma questo purtroppo non lo si può dire ad esempio per quei 607 ragazzi dagli 11 ai 17 anni (e chissà quanti altri ce ne sono silenti) che, secondo l'Istat, nel 2017 avrebbero denunciato atti di bullismo – dei quali il 22% compiuti online – che hanno portato nella maggior parte dei casi a depressione fino a pensieri suicidi nelle vittime.

Ecco perché non dobbiamo smettere di spiegare come Internet non sia una realtà fittizia, bensì iperconnessa con le nostre vite. Ecco perché occorre impegnarsi in un lavoro collettivo che responsabilizzi tutti: stare con le orecchie dritte, fare informazione e prevenzione, curare le ferite che il magico mondo del web – dove tutto pare essere permesso, spacciando l'insulto per libertà d'espressione, e dove le conseguenze materiali sembrano lontane – con fin troppa facilità infligge a migliaia di persone ogni giorno, per giunta con ripercussioni incredibili e costantemente sminuite come "bravate".

Abbiamo un potere enorme: quello di rispondere utilizzando contenuti fatti di cultura e informazione, creando una contro-narrazione che spenga chi sa solo urlare. Possiamo mettere in pratica valori che qualcuno sta cercando di strapparci soffiando sul fuoco dell'indisponenza. Perché se abbiamo scelto di fare del nostro agire e delle nostre scelte un megafono di umanità, è soltanto perché abbiamo capito che i diritti umani e civili passano da mani che si tendono.

Perciò sì, se questo significa essere Buonisti continueremo a esserlo anche domani. E più voi ci picchierete forte più noi vi abbracceremo piano. Resistendo con orgoglio.

Presentazioni

Non essendo questa un'autobiografia, raccontarmi in modo classico risulterebbe troppo autoreferenziale (e, diciamolo, noioso: è bastato il primo capitolo del libro a raccontare un po' di me e di quello che faccio). Così, lascerò proprio ad alcuni dei miei hater il compito di descrivermi, assaggiando subito il tema trattato. Lo trovo più azzeccato.

Una precisazione: ogni commento riportato in questo libro è realmente esistito ed è stato trascritto con un fedele copia-incolla (errori e refusi compresi). Per ovvi motivi sono stati censurati soltanto i cognomi dei rispettivi autori.

Adesso, però, bando alle ciance: chi è Iacopo Melio?

Iacopo Melio è femminismo:

Andrea C.: «Iacopo Melio, sei come una donna, dritto non le piace e storto non le "trase"... Meglio un calcio nei coglioni che dover avere da ragionare con uno come te!».

Iacopo Melio è moda:

Adalberto P.: «Questo signore è un sarto che se ne strafotte di Valentino e di Armani. Sa confezionare i vestiti su misura e sa adattare la situazione ai propri comodi che neanche Procuste avrebbe saputo fare».

Iacopo Melio è business:

Bresciano S.: «Questo campa scrivendo di negri..poi probabilmente li schifa più di me. D'altra parte visto che fa il comunista o è stupido o è in malafede».

Iacopo Melio è fertilizzante:

Mauro De N.: «Iacopo Melio è semplicemente un parassita della società al quale non bisognerebbe nemmeno prestare attenzione... Un parto anale vittimista e patetico... In 3 parole: un grandissimo stronzo».

Iacopo Melio è andrologia:

Lorenzo N.: «Iacopo Melio un impotente che parla...».

Iacopo Melio è anatomia:

Giuliano A.: «Melio storpio del cazzo».

Iacopo Melio è animalismo:

Thomas M.: «Sei una povera bestia».

Iacopo Melio è globalizzazione:

Daniele L.: «Basta amico sei troppo un spoiler vivente della classe mondialista».

Iacopo Melio è semplicità:

Laura F.: «Sei solo un anticappato».

Iacopo Melio è una minaccia:

Filippo R.: «Iacopo Melio terrorista schifoso».

Iacopo Melio è routine:

Kathya N.: «Iacopo Melio è monotematico la sua umanità inizia e finisce con gli immigrati.........e questo spiega tutto!!!!!».

Iacopo Melio è purezza:

Antonio M.: «questo giovane è un coglione puro».

Iacopo Melio è saggezza:

Antonella A.: «È un ragazzo di Firenze che da circa due anni si batte per rendere più agevoli i trasporti in treno per i disabili. Poi come succede a tutti quelli che iniziano ad avere un briciolo di notorietà, si è sentito in dovere di insegnare a tutti cosa sia giusto e tollerante e cosa no. L'ennesimo santone da tastiera».

Iacopo Melio è un…

Marco V.: «CRETINO!!!».

Glossario di bordo

Prima di accendere i motori e avviare questa mini-crociera nel mare di odio, disagio e ignoranza nel quale, nostro malgrado, ci ritroviamo a sguazzare per la maggior parte delle volte che prendiamo in mano uno smartphone, vorrei costruire una sorta di "cassetta degli attrezzi" molto semplice, ma utile per orientarci tra le prossime pagine.

Bibbiano: Per quanto riguarda il Comune in provincia di Reggio Emilia si è parlato di "lavaggi del cervello" effettuati su bambini affinché riportassero testimonianze manipolate, in modo da sottrarli ai loro genitori per poi affidarli ad amici o parenti, che ricevevano così il sussidio mensile previsto dalla legge. Nonostante tuttora la giustizia stia indagando, il Tribunale dei minori ha già dichiarato che «il sistema è sano e non sono esistite anomalie». Insomma, il popolo cattivista aveva deciso (senza avere prove) che la colpa fosse di esponenti della sinistra, e sebbene in altri casi per gli hater medi sia stato necessario "dare tempo alle indagini" senza scendere a giudizi affrettati, stavolta per costoro occorreva condannare immediatamente: anzi, ogni minimo ritardo era una conferma della presunta corruzione. In realtà, purtroppo, si può dire che dei bambini tristemente coinvolti in questo scandalo importa poco a buona parte di chi li menziona ("Parlateci di Bibbiano!"), utilizzandoli come mera strumentalizzazione politica per distogliere l'attenzione dalle mancanze della destra.

"E allora il Pd/Renzi/quelli che c'erano prima?": Domanda retorica per giustificare gli sbagli di una precisa parte politica ricordando quelli commessi da oppositori/predecessori dell'attuale Governo. Della serie "c'è chi ha fatto di peggio", o comunque altrettanto, come se un ladro o un incompetente possa automaticamente assolvere tutti i ladri o gli incompetenti del mondo.

Fake news: Notizie e articoli inventati, ingannevoli o distorti per fare disinformazione, screditare qualcuno o attirare l'attenzione dei lettori per scopi politici o economici (ad esempio ottenere credibilità a discapito degli avversari o guadagnare dalle visualizzazioni ottenute). Talvolta si tratta di errori prodotti dalla stampa che vengono condivisi in modo virale portando altri media a generare nuovi articoli copia-incolla (ovviamente sbagliati), oppure vere e proprie teorie complottiste atte a mettere in discussione "il sistema". In ogni caso le fake news ci ricordano come, nonostante la cultura e l'accesso alle fonti siano sempre più democratici, certe persone preferiranno sempre sfruttare blog amatoriali per giustificare le loro convinzioni, anziché spendere un minuto della propria vita per digitare due frasi su Google e capire se quel che è stato letto o sentito sia vero oppure no.

"Ho tanti amici stranieri/gay": Coperta trasparente per nascondere il proprio razzismo, come se collezionare persone come figurine appartenenti alle categorie che si stanno criticando o attaccando possa rappresentare una dimostrazione di buona fede o cognizione di causa.

Immigrati: Coloro che arrivano in un Paese straniero fuggendo da povertà, guerre, fenomeni climatici estremi o persecuzioni di minoranze (etniche, religiose o d'orientamento sessuale), con lo scopo di costruirsi un futuro dignitoso. Sono diventati il capro espiatorio che buona parte della politica sfrutta per non parlare dei reali problemi del nostro Paese, facendo leva sulla disperazione – e il rancore – del popolo e scatenando guerre tra poveri, raccontando di come tutti i "privilegi" concessi agli immigrati sottraggano risorse e possibilità "ai nostri poveri". Un dito da guardare perdendo di vista la luna indicata.

"I nostri valori": Rivendicazione nazionalista che intende difendere l'identità e il patrimonio storico-culturale del nostro Paese. In realtà mira ad annullare ogni tipo di arricchimento, scambio e confronto con le minoranze extracomunitarie. Che poi, nemmeno i cattivisti sanno definire con precisione quali siano "i nostri valori": di certo per

loro non riguardano l'apprendimento della nostra lingua o il rispetto delle nostre leggi. Ecco perché l'espressione "i nostri valori", in una società moderna ormai globalizzata, rappresenta un concetto desueto, di chiusura e distacco oltre che di offesa alla Costituzione stessa.

Invasione: Immagine metaforica utilizzata per descrivere il flusso migratorio verso il nostro Paese. Secondo il cattivista, accogliere ulteriori migranti non sarebbe possibile dato che "non c'è più posto nemmeno per noi". Opinione smentita dagli stessi dati relativi agli sbarchi degli ultimi anni.

Maalox: Farmaco utilizzato contro i bruciori di stomaco. Termine entrato nel linguaggio tipico dell'odiatore rancoroso come unica forma di contraddittorio per attaccare gli avversari politici che, magari, hanno mosso una critica fondata su argomentazioni basate su idee e contenuti.

Ong/taxi del mare: Organizzazioni non governative che attraverso donazioni, finanziamenti o risorse autonome cercano di far rispettare i diritti umani e civili, ad esempio salvando le vite dei migranti in mare o portando aiuti concreti nei luoghi di guerra. A causa alle fake news sono oggi viste con sospetto, essendo diventate nell'immaginario comune delle macchine da soldi che lucrano "sulla pelle dei poveri disgraziati" (generalizzazione del cattivista medio che finge umanità). In seguito a questo fenomeno, ufficialmente avallato da provvedimenti quali i "decreti sicurezza", molte Ong sono state ostacolate nell'esercizio delle proprie attività (emblematici il caso di Carola Rackete e le tante navi bloccate nei porti italiani tra 2018 e 2019).

Piddino/Pidiota: Appellativo denigratorio attribuito in generale a chiunque si opponga alla destra (come se la sinistra fosse formata dal solo Partito democratico e come se non si potessero avere opinioni proprie, libere e indipendenti da tessere).

Politically correct/politicamente corretto: Utilizzo di una terminologia che vorrebbe "edulcorare" il modo in cui si parla di minoranze (disabilità, LGBTQ+, immigrazione...), quando più probabilmente serve solo a ripulirsi la coscienza. Il *politically correct* nacque per ristabilire rispetto e uguaglianza tra varie fette della società (ad esempio per trattare le persone con disabilità al pari di quelle cosìddette normodotate), in realtà oggi è facile associarlo alla negazione stessa di ciò che viene espresso (ad esempio se una persona "diversamente onesta" equivale a essere disonesta, al tempo stesso il politicamente corretto "diversamente abile" ci suggerisce che quella persona non è buona a fare niente).

"Ospitali a casa tua": Invito non molto costruttivo né pacifico che il cattivista utilizza per troncare qualunque forma di discussione e dibattito a tema immigrazione, anche in questo caso mancando di argomentazioni valide per sostenere la propria opposizione all'accoglienza (ovviamente, "ospitali/prendili/accoglili a casa tua" sottende l'impegno economico del Buonista affinché le spese per i migranti non gravino sull'intero Paese).

"Prima gli italiani": Mantra ripetuto in modo meccanico da chi è incapace di alzare lo sguardo oltre la punta delle proprie scarpe, non capendo che con la buona volontà si potrebbero trovare le risorse necessarie per sostenere qualunque tipo di esigenza (a prescindere dalla nazionalità). Se "i nostri poveri", "i nostri terremotati", "i nostri anziani/pensionati", "i nostri disabili" o "i nostri giovani disoccupati" (tutte sottocategorie del "prima gli italiani") non hanno attualmente adeguati aiuti, non è certo per colpa di chi, dopo esser stato accolto per umanità e dovere legislativo, viene poi sostenuto da finanziamenti europei, come accordi e trattati internazionali prevedono. "Prima gli italiani" (nelle case popolari, a lavoro, a scuola, in ospedale...) è lo slogan attraverso il quale si intende aizzare il popolo scatenando, di conseguenza, guerre tra poveri che si contendono benefici che, a conti fatti, non esistono per nessuno.

Radical chic: Termine coniato a New York negli anni '70 dal giornalista Tom Wolfe e poi portato in Italia da Indro Montanelli, utilizzato per descrivere l'atteggiamento dell'alta borghesia pseudo-intellettuale che (per moda o esibizionismo) sceglieva di abbracciare cause politiche radicali. Oggi ha assunto una connotazione non solo critica ma soprattutto di scherno e ridicolizzazione verso coloro che promuovono tematiche sociali e progressiste tipiche della sinistra, riguardanti soprattutto l'immigrazione (e quindi, ad esempio, chiunque sostenga l'accoglienza e l'operato delle Ong), con un atteggiamento – secondo gli hater – di superiorità.

"Rosica!": Invito che suona come un ordine che il cattivista rivolge ai suoi avversari, in realtà è una variante di "Maalox" (nonché causa dell'utilizzo del Maalox stesso).

Tempo: Concetto astratto che, improvvisamente, diventa dannatamente concreto quando si tratta di utilizzarlo come scusa per giustificare le incompetenze di una precisa parte politica. "Dategli/diamogli tempo…" è la frase che si sente dire da chi tenta di nascondere le magagne dei suoi beniamini come polvere sotto al tappeto.

Top 10 degli hater

Ognuno di noi, in base a ciò che fa e che porta avanti nella propria vita, ha un modello di hater più o meno definito, con caratteristiche ben precise. Insomma, un prototipo di "odiatore medio".

Ahimè, fra tutti quelli che mi potevano capitare non mi sono salvato dai più stereotipati: bischero io a pensare che il mio aspetto surrealista li avrebbe portati ad attacchi un po' più originali rispetto al solito.

Nonostante questo, ci sono alcune caratteristiche che talvolta li distinguono da quelli altrui, rendendoli così molto meno prevedibili.

Sebbene da un lato il fattore "disabilità" mi garantisca una dose quotidiana di originalità, dall'altro lato resta dunque una buona parte di odiatori standardizzati che aiuta a non dare troppo peso a quello che mi viene vomitato addosso, utilizzando l'abitudine e l'assuefazione come scudo. Della serie "menomale che questo lo dicono anche ad altri, perciò chi se ne importa, nulla di nuovo".

C'è da dire che gli hater che di solito mi attaccano non sono dei grandi affezionati alla mia pagina, salvo alcuni casi eccezionali di habitué: tendenzialmente si tratta di persone che hanno iniziato a seguirmi in passato perché magari mosse a compassione da qualche post strappalacrime a tema disabilità, senza poi informarsi su cosa io faccia nella vita oltre a occuparmi della Onlus #Vorreiprendereiltreno (il 90 per cento di loro, ad esempio, non ha ancora capito che mi chiamo Iacopo e non Jacopo, nonostante lo ripeta quasi ogni giorno scherzandoci sopra), per poi riversarmi addosso tutta la loro rabbia e frustrazione al primo post "scomodo" (secondo i loro punti di vista), anziché dare vita a una discussione costruttiva e a uno scambio reciproco basato su idee e opinioni legittimamente diverse purché rispettose l'una dell'altra.

Ci sono varie modalità attraverso le quali il disappunto di chi mi legge distrattamente balza fuori di punto in bianco: forme più o meno aggressive o tragicomiche, molte volte sgrammaticate (permettetemi ancora una volta quest'osservazione sull'aspetto culturale che non ritengo classista o snob ma semplicemente un dato di fatto).

Ciò che però unisce queste reazioni è il costante sminuire la mia capacità di accettare opinioni diverse, accusandomi di non essere democratico e di rispondere "troppo a tono" di fronte alle critiche. "Dovresti rispettare anche chi non la pensa come te", come se qualcuno debba per forza sopportare anche offese, commenti beceri o vuote polemiche "in casa propria", per usare quello stesso concetto di casa che loro stessi, per primi, rivendicano con forza al primo fatto di cronaca utile.

Per questo è bene ricordare che la "libertà di espressione" non autorizza sempre e comunque a dire ciò che si pensa, specie se in virtù di questa libertà si intende ferire l'altro con sentimenti di puro odio e intolleranza. Insomma: non possiamo né siamo obbligati a esprimere la nostra opinione su tutto, perciò sarebbe cosa buona e giusta, talvolta, imparare a tacere o quantomeno a contare fino a quarantadue prima di esprimerci.

Razzismo, omotransfobia, sessismo e misoginia non saranno mai pensieri tolleranti né tollerabili. L'hate speech è, oggi più che mai, un problema grave per la società. Ancor più quando diventa uno strumento per veicolare discriminazioni di qualunque tipo.

Qui di seguito troverete un elenco delle più frequenti categorie di hater con le quali, da anni, sono costretto a confrontarmi. Sì, ho parlato di costrizione perché guai a bloccarli, finirei per essere tacciato di scarsa democraticità e tolleranza! Per questo lo faccio soltanto in casi limite nei quali, oltre al vuoto cosmico, non viene espresso niente. O quando il clima si fa davvero insostenibile se non addirittura dannoso per me, ma soprattutto per altri utenti.

Gli esempi che ho riportato fedelmente sono solo una minima parte di quello che ogni tanto affiora nel comunque bellissimo mare di affetto, idee ed emozioni che mi trovo a navigare quotidianamente. Per questo motivo non smetterò di ripetere che il mio è uno dei mestieri più belli del mondo: permette, seppur attraverso il filtro di uno schermo, di avvicinarmi a riproduzioni fedeli della società, analizzandole e comprendendole quanto basta da poter scegliere da che parte stare e quali messaggi trasmettere.

Nel mio caso: da sempre e per sempre dalla parte degli ultimi.

1. Il disabilista

Precisiamo subito: sono davvero poche, ormai, le cose che riescono a offendermi davvero. Il che non è necessariamente un fatto positivo. Il punto è che mi sono abituato perfino agli insulti più creativi, perciò è davvero raro trovare qualcosa che mi possa ferire nel profondo.

Quello che in assoluto mi annoia fino allo sfinimento, tuttavia, è senza dubbio la spasmodica voglia di etichettarmi a tutti i costi, evidenziando alla prima occasione utile il mio status di "handicappato". Come se la Legge 104 fosse un mezzo per tenere lontana una persona al momento del bisogno, confinarla in un angolo e "farla stare buona e zitta".

In questo caso, evidenziare la mia disabilità diventa un modo vigliacco per sentirsi superiori e autoconvincersi di essere migliori, ricordando che l'interlocutore parte (in teoria) da una posizione socialmente svantaggiata e di minoranza. Inoltre, diciamolo pure, è più facile definirsi "diversi" da ciò che in qualche modo ci incute timore, o più semplicemente ci fa sentire in difetto, prendendone così le distanze, piuttosto che rimboccarsi le maniche e darsi da fare per compicciare qualcosa di buono nella vita.

Quando quel "qualcosa di buono", infatti, proviene proprio da chi – almeno all'apparenza – ha meno equipaggiamenti di serie, eppure semina cose belle e giuste nonostante la sua dotazione *entry level*, c'è un solo modo per evitare il peso della frustrazione: rinchiudere l'"altro" in un recinto, ghettizzandolo.

Ecco allora che appena gli argomenti da me trattati varcano la soglia del banale schema "disabile = disabilità", andando a toccare tematiche come immigrazione, diritti LGBT, libertà di aborto ed eutanasia, liberalizzazione delle droghe leggere (per uso terapeutico ma anche ricreativo, che sostengo per troppi motivi che non sto qui a elencare) e chissà quale altro mostruoso argomento sfascia-società riguardante soprattutto l'autodeterminazione, scatta subito come una sirena il «pensa alle cose tue!!!» urlato dall'ultimo disperato neurone superstite dell'hater medio, dove "cose tue" sta per "gente con qualsiasi tipo di acciacco che non preveda soltanto l'uso della carrozzina".

Insomma, la mia disabilità viene usata come bavaglio per censurarmi: sono un rottame sfasciato e dovrei comportarmi come tale, in difesa della categoria dei rottami, sia mai che poi la gente iniziasse a pensare che questi disabili potrebbero fare tutto quello che fanno gli altri (peggio ma anche meglio degli altri, come tutta quanta la gente "normale") se solo dessimo loro i giusti strumenti per essere liberi e indipendenti. Altrimenti come fanno poi, quegli "altri", a sentirsi utili per i più bisognosi?

Esempi di hater "disabilisti":

Enzo C.: «Mi sa che stai sconfinando dalla tua posizione Jacopo. Tante persone ti seguono per la compassione che provano nei tuoi confronti. Questo non ti da diritto di sparare a zero sulle cose. Limitati alla tua battaglia a favore dei disabili».

Risposta di Maria Grazia P.: «Caro Enzo, io sono una delle persone che seguono Iacopo e ti assicuro che non l'ho mai fatto per compassione. L'ho conosciuto ad un dibattito tanto tempo fa, all'inizio forse con curiosità per la battaglia che stava portando avanti per i diritti di tante persone, poi continuo a seguirlo per le sue idee ed il coraggio che ha di portarle avanti. Se non ti piace puoi sempre togliergli l'amicizia».

[Semplice e lineare. A Maria Grazia dedico una standing ovat… Ah, no, vabeh. Viva Maria Grazia!]

Tito U.: «Perche' non parliamo di cose serie? I problemi degli italiani mi sembra che anche lei lo sia!».

[Abbiamo capito che Tito non vorrebbe pagarmi la pensione.]

Giovanni L.: «Basta politicaaaa!!!».

Risposta mia: «Ma perché? La politica è ovunque nelle nostre vite, qualsiasi scelta che facciamo è politica! Personalmente diffido da chi non fa politica, da chi non si interessa di ciò che lo circonda, non prende decisioni e non si schiera. Anche scegliere in quale asilo iscrivere i nostri figli è politica, se farli restare alla mensa oppure no alle scuole elementari è politica, se far fare loro il tempo prolungato o ridotto alle scuole medie è politica! Fare politica fuori dalle istituzioni è un diritto ma soprattutto un dovere se vogliamo esser liberi di votare».

Giovanni L.: «Sì ok ma BASTA politica dai!».

[Ah, okay.]

Michele R.: «Iacopo Melio sei pronto per un talk su La7 tanto ormai parli proprio di tutto…».

Enzo B. B.: «anziche' rosicare porta avanti le tue battaglie che sono sacrosante e se posso darti un consiglio evita di far da megafono a qualche politico, non ne vale la pena».

Silvia I.: «Lui deve politicizzare tutto. Una volta lo stimavo adesso mi è caduto di brutto».

["Una volta Iacopo Melio lo ascoltavo, poi è diventato commerciale." Semicit.]

Paolo V.: «Lascia perdere la politica dammi retta che sei migliore di così».

[Quando vorresti fare un complimento ma non ti esce proprio benissimo.]

Antonella P.: «Iacopo Melio farebbe bene ad occuparsi di abbattere le barriere architettoniche per i disabili, cosa giusta e sacrosanta. Si vede che ha capito che fare l'allievo di Tommasi dà molta più visibilità (e chissà, magari anche più soldi)».

Luca R.: «A quando la candidatura? Campagna elettorale già la stai facendo da tanto».

Un obiettivo commento di un leghista a una mia critica a Salvini:

Domenico G.: «Ormai si e' montato la testa...sta diventando pesante e antipatico...e se smettesse di fare politica ?... visto che non è il suo mestiere ? Il suo orientamento politico non interessa a nessuno... dovrebbe essere una cosa che riguarda il suo privato...per il resto ammiro la sua forza...e la sua voglia di voler cambiare in meglio le condizioni dei disabili ..ma con la strafottenza che sta adottando... risulta delle volte indigesto !!!!!».

Rosa B.: «Ma adesso pure ai froci pensi???».

Marta L.: «Politica anche qui??? Mi spiace tolgo il like!».

Luigi M.: «Sono d'accordissimo con Giancarlo! E al Dott. Iacopo raccomanderei di non fare politica, non è il suo mestiere! Continui a fare il disabile (io sono disabile quanto lei, Dott. senza aver ottenuto nessuna onorificenza come lei che ha usato il suo stato per ottenerla) che, come vedo, rende di più».

2. Il Pd-fobico

Al contrario del "disabilista", hater di nicchia che vantiamo io e pochi altri attivisti acciaccati, al secondo posto troviamo un evergreen che tocca anche me, senza alcuna discriminazione o sconto, così come tantissimi altri: al "Pd-fobico" non interessa chi ci sia attualmente al Governo o quale personaggio politico tu stia attaccando, a lui anche la terribile Banda Bassotti pare tenera come i Neri per caso se confrontata a "quelli che c'erano prima".

Così se critichi il centro-destra significa che sei automaticamente un elettore "rosicone" del Partito democratico o, più nello specifico, un "compagno di merende" di Matteo Renzi, nonostante tu non l'abbia nemmeno sostenuto: non c'è verso. Come se tutto il resto dell'opposizione non esistesse e come se l'intera sinistra, pure quella lontana dalle derive democristiane, venisse racchiusa in un unico scatolone... che Berlinguer e Pertini si rivolterebbero nella tomba soltanto a pensarci.

È così che l'etichetta di corrotto-manovrato-dalla-politica ha finito per macchiare anche me. Se difendo i diritti dei disperati che scappano dalla guerra per cercare nel nostro Paese un futuro migliore, è perché mi ha pagato il Pd e sono complice delle Ong. Se mi schiero dalla parte delle classi più deboli e porto avanti battaglie delle minoranze alle quali non appartengo, punto a un ruolo nel Pd, perciò mi sto avvantaggiando arruffianandomi simpatie e voti. Se scrivo qualcosa per denunciare il razzismo, il fascismo o l'omofobia, peggio ancora: sono un "Piddino di merda", perché che fai non ce l'aggiungi una parolaccia sudicia che fa tanto ganzo? Se poi mi azzardo addirittura a dire qualcosa di mediamente intelligente o tiro in ballo un briciolo di cultura, allora no: in quel caso divento una «zeccarossaradicalchicdelcazzo», scritto così, tutto attaccato e tutto d'un fiato, che fa più bava alla bocca rabbiosa, e la cosa dovrebbe fare già abbastanza ridere da sola.

Che poi, intendiamoci: "sempre" e "mai" sono concetti che non mi appartengono. Non escludo, fra qualche mese o anno o settimana, di votare il Pd così come non escluderei di candidarmi col Pd se lo trovassi giusto per mille dinamiche (tempi giusti, compagni giusti, motivazioni giuste). Resta il fatto, però, che dare per scontata la mancanza di autonomia di pensiero di una persona indipendente, in funzione di un Partito, resta quanto di più offensivo ci possa essere.

Il fatto che cinque, quindici o trent'anni fa per qualcuno (e magari anche per me?) ci fossero degli incompetenti al Governo, non significa che uno non possa sottolineare le incompetenze dei presenti. D'altronde con la scelta del "meno peggio" si è sempre andati poco lontano, e in fin dei conti un errore non esclude l'altro. Occorrerebbe essere oggettivi sempre, in qualunque circostanza, non solo quando ci fa comodo.

Insomma, è curioso osservare come nel mio caso si finisca sempre un po' più là: non solo per i miei hater sarei un sostenitore del Pd come qualunque altro loro nemico, ma per di più ne sarei anche influenzato, come se non fossi in grado di ragionare con la mia testa. In altri casi, addirittura, dal Pd verrei pagato, o comunque riceverei dei tornaconti personali. Che poi, quali saranno mai: una scorta annuale di maionese? Una fornitura stagionale di gomme nuove alla carrozzina? Vacanze estive a scrocco nei pochissimi posti accessibili ai disabili che il nostro bel Paese ci offre? Chissà.

Fatto sta che il risultato, il più delle volte, sfocia nel fantascientifico.

Esempi di hater "Pd-fobici":

Stefano C.: «In questa storia non si capisce chi si nasconde veramente dietro la carrozzella. Chi ha qualcosa da dire si faccia avanti e taccia».

[Si deve fare avanti o deve tacere? Ad ogni modo, dietro la "carrozzella" c'è sempre chi mi spinge, Ste'... chi mi spinge.]

Pierluigi M.: «Non ho letto alcun commento nella sua pagina, prima quando c'era il PD, come mai».

[La differenza tra non leggere e non voler leggere...]

Patrizia I.: «Ma il PD che ti dava? Mia madre era allettata a me non ha dato proprio nulla».

Gianni S.: «Vedo che la pensi da piddino... sono clandestini e vanno affondati! 👍».

Matteo V.: «C'è troppa sinistra qui».

Risposta mia: «Il bagno lo trovi in fondo a destra, avviati pure...».

A proposito di selfie di distrazione di massa durante gli spuntini:

Salvatore S.: «Caco Jacopo il ministro Salvini gli viene offerto quella mangiata mentre il PD a rubato x decenni al popolo italiano perciò x recuperare tutto quello che a rubato il PD ce ne vuole fatti la divisione al cervello caro Jacopo accetta il consiglio».

Giuseppe C.: «Apro il commento, leggo fino in fondo e non posso fare a meno di notare un pizzico di vena polemica...ho cercato di comprendere parola per parola per capire bene, non conoscendo questo signor Iacopo Melio... decido di aprire il profilo sperando di trovare una persona imparziale, e la prima cosa che vedo è la Leopolda. Non aggiungo altro. Strumentalizzazione a fette spessissime...».

[Si riferisce a una foto della Leopolda pubblicata da me per commentare, non in modo favorevole, una precisa politica del Pd. Se solo avesse letto tutti e tre i righi in descrizione della foto!]

Lia B.: «Iacopo Melio hai avuto tanti privilegi con il PD».

Beatrice S.: «Iacopo mi dispiace ma proprio non condivido. Mi auguro non le siano state dettate queste parole».

Paola T.: «Caro Iacopo mi dispiace ma anche te sei l'ennesimo becero a cui le zecche hanno fatto il lavaggio del cervello».

Stefano O.: «È evidente che c'è chi si nasconde dietro il suo profilo approfittando della sua immagine di persona disabile alla quale non si può dire niente. Metodi piddini come al solito privi di dignità».

Luca F.: «#Piddinodimerdaaaa!!!».

[Scritto davvero così.]

Lina A.: «Diciamo che hai rotto le p - - - e … ma dillo chiaro una volta per tutte che quello che pensi e… LA COLPA È DI SALVINI».

[Appassionata della settimana enigmistica, Lina. Soluzione a pagina 20?]

Richard S.: «Costui utilizza la disabilità per arricchirsi e diffondere il credo politico del PD. All'inizio lo seguivo poiché affrontava tematiche interessanti, in seguito ho capito che la sua pagina è faziosa. Se sostieni una tesi diversa dalla sua vieni assalito dal suo esercito di paladini del PD. Arrogante e saccente, se non fosse stato disabile, non se lo filava nessuno».

[Che io me lo immagino, l'esercito di paladini del Pd, arrivare di corsa con una tutina aderente rossa, bianca e verde per abbracciarmi e dirmi di "stare sereno" mentre piango a ogni commento cattivo come quello di Richard…]

Mauro C.: «Anche io vivo sulla sedia a rotelle… anche io mi sono preso insulti indecenti sulle pagine di Salviano e della Innocenzi… A me una pietosa intervista strappalacrime e strappalike non la fate?!? Ah no scusate, io non sono una giovane promessa del PD… Ritiro la domanda…».

Pablo L.: «quando renzi ti portava sul palco della leopolda però te le facevi 2 risate!!! Vaiaaaaa».

[*Ehm*, quando?]

Alberto V.: «Jacopo è un grande, l'ho incontrato varie volte. Non è un segreto però che abbia già un ruolo nel PD locale e forse in futuro nazionale».

[A mia insaputa. Grazie Alberto per lo scoop!]

Richard S.: «Iacopo sinistroide, l'Italia si è frantumata i coglioni di neri spacciatori, di nere prostitute, di rom puzzolenti e ladri, di tolleranza contro chi offende la divisa , di froci e lesbiche che chiedono bimbi ed uteri in affitto. L'Italia si è frantumata le palle di sinistra e partito democratico. Col cuore. ♥».

[Barbara D'Urso, esci da questo corpo!]

Elena R.: «Stima e rispetto per Jacopo, ma guardacaso ha la stessa idea politica di Mattarella… Se fosse stato un 5 stelle o un leghista questo premio se lo sarebbe sognato… Buone feste a tutti».

[Anche a te e famiglia!]

Una persona, evidentemente di destra, commenta così un post riguardante il tesseramento alla Onlus #Vorreiprendereiltreno:

Roberto V.: «Ciao, ma tesserandomi divento socio del PD?».

Risposta mia: «Non ci risulta Roberto. Ma se ci tiene possiamo mandarle un immigrato a casa a far le pulizie, così lo rendiamo utile».

Silvio P.: «Questo è piddino, vai a fare lezioni di moralità a Rignano sull'Arno. Porta qualche fattura in bianco al posto del vino. Sembra sia più gradito».

[Magari… sono pure astemio!]

Carla T.: «Uno del PD e' chiaro».

Risposta mia: «Ma perché se uno ha idee discordanti deve essere per forza del Pd? Ma vi hanno dato la tessera elettorale coi punti della Coop?».

3. L'umanitario

Restando sul piano politico, ci spostiamo adesso sul fronte umanitario. Nemmeno in questo caso il mio essere disabile mi ha reso immune dalle critiche, facendomi sorbire comunque il sempiterno "portali a casa tua!" come risposta standard al più banale (e direi dovuto) segnale di apertura e accoglienza.

Da un certo punto di vista, come per la categoria numero 2, mi rassicura il fatto di essere considerato alla stregua di qualunque loro avversario, senza discriminazione, ricevendo lo stesso trattamento col quale si attaccano i "normodotati" Roberto Saviano, Laura Boldrini, Monica Cirinnà, Cécile Kyenge, Saverio Tommasi, Gipi, Selvaggia Lucarelli e Michela Murgia, per dirne alcuni.

Non importa se in quanto carrozzato avrei bisogno di una costosa (cioè proibitiva) assistenza ventiquattr'ore su ventiquattro: l'hater "umanitario" mi inviterà comunque ad assistere e mantenere a mia volta uno dei tanti disperati che ho scelto di difendere in chissà quale discussione. Miracolo! Quando si tratta di extracomunitari anche un'ingombrante disabilità sparisce, e automaticamente divento sufficientemente facoltoso da poter adottare mezzo continente africano. Alleluia!

Che poi, se vogliamo dirla tutta, io gli immigrati li ospito comunque lavorando, e quindi pagando un bel po' di tasse che contribuiscono a tutta una serie di servizi pubblici (compreso l'istruzione scolastica dei cattivisti stessi, che essendo cresciuti cattivisti non hanno evidentemente ottenuto grandi risultati).

In questo caso le argomentazioni dell'hater "umanitario" riescono a spaziare in modo invidiabile, sfoggiando capacità che vanno dallo stimare in modo chiaro e preciso i miei beni economici al formulare teorie socio-culturali e filosofico-religiose, fino all'enunciare veri e propri anatemi contro la mia famiglia, in particolare (per non farsi mancare nemmeno la misoginia) contro le donne di casa: mia mamma e mia sorella di appena tredici anni.

Tutto questo, ovviamente, in nome di una rivendicazione della tradizione cristiano-cattolica basata, come loro chiaramente dimostrano, su carità, compassione, accoglienza e pacifismo.

Ecco quindi alcune perle.

Esempi di hater "umanitari":

Non leggetelo a voce alta, che sennò vi prende un collasso:

Akido T.: «Carissimo Iacopo se sei così sdegnato e manipolatore di notizie a tuo piacimento perché non vai a vivere nei paesi islamici e te ne vai fuori dai nostri confini gente che si schiera con quella merda di gente che uccide giustificando i gesti con altri gesti che non sono realmente inerenti merita di sparire dal nostro mondo e andare nel loro più ideale buon viaggio quindi».

Suè F.: «Si vede che a te i soldi non mancano, mettiti nei panni delle famiglie ITALIANE che attraversano mille difficoltà e magari con un disabile a casa, basta con questo buonismo del cavolo».

[Effettivamente dovrei provare a mettermici.]

A un mio articolo riguardante un bel progetto sull'accoglienza:

George S.: «Hai rotto i coglioni. Ti tratto come gli altri. Non provo pena per quello che Sei. Provo pena per quello che pensi. Sai come se dice?.....Cala giù dal paiaro....».

Risposta mia: «Vorrei, ma ci sono le scale...».

Valerio B.: «Ma un bell'articolo sulle famiglie italiane in difficoltà quando lo fai?? A già quelle non vi fanno guadagnare abbastanza a te e Saviano??».

D. C.: «Sig. Melio ma quanti profughi aiuti tu a casa tua e troppo facile fare i buonisti coi soldi di mamma stato e come fare il recchione col culo degli altri».

Luca B.: «o ma che cazzo vuoi coglione ognuno fa quel cazzo che vuole non permetterti di dire alla gente cosa fare prenditi in casa un paio di immigrato e non rompere il cazzo».

[Sarà un urologo?]

Giancarlo B.: «Io il signor Jacopo lo darei in mano... a tutti quei palestrati per fagli un culo come una campana».

Massimo A.: «Iacopo Melio non fare il finto umano buonista sei un ipocrita e una persona dalla lingua e mano velenosa quindi dannosa e deleteria per chiunque come per l'Italia anche per gli italiani».

[Ehlamadonna! (Da leggere con la voce di Renato Pozzetto)]

Gerardo G.: «Antonella basta che leggi i commenti sulla pagina Facebook. Non so sto Jacopo sarà "un disabile comunista" un po più fortunato di altri disabili come me».

Marco L.: «Contento lei che vuole mischiarsi con la feccia che viene dall'africa (non si vedono bimbi denutriti, solo ragazzoni con cellulari), io no.. forse in quanto ad aprire il cervello mi sa che lo debba fare lei, che non usa i metodi "Salviniani" ma non dimostra di essere tanto migliore per come scrive.... buona giornata di riflessione.... la sconfitta brucia sempre tanto vero?».

Giorgio S.: «Iacopo Melio il pagliaccio sei tu cretino ignorante non ti accorgi che i profughi stanno arrivando in Italia x comandare e anche i tuoi figli saranno costretti a essere sottoposti a loro imbecille».

Filippo P.: «Non so chi sia... ma dopo 1 minuto ho spento. Mi stava antipatico a pelle sto buonista».

Daniela G.: «Che presto i tuoi amati immigrati ti facciano visita a casa.... Così potrai ospitarli.....».

Sotto il volantino di un'iniziativa su immigrazione, di un martedì:

Maddalena M.: «Ma altri argomenti più importanti dei porti aperti non li avete?».

Risposta mia: «Quelli si dicono mercoledì».

Sotto un post in difesa della Capitana Carola Rackete:

Mauro B.: «Iacopo Melio… ma vai a fare in culo te e quella tedesca di merda».

Gianni B.: «Vi dovete vergognare questa è istigazione alla clandestinità e chi li difende è complice, mi dispiace dirlo a mi auguro che bel li trovate in casa di notte mentre siete con la vostra famiglia».

Maria E.: «Ma questo Iacopo Melio in che redazione e' xche io ho dei dubbi che sia contornato da gente che non e' ha posto e ne ho le prove….. E comunque IO SONO RAZZISTA + che con l oro con quelli come te, che fanno i buoni ma in realtà non e' cosi! Mi pui pure bloccare cosa pensi che me ne frega qua».

[E se ne ha le prove...]

Roberto V.: «Iacopo ma perché non aiuti gli extracomunitari con i soldi della beneficenza che raccogli?».

Vinicio P.: «Ma tutto questo fare e impegno perché non viene rivolto ai nostri Italiani che non arrivano a fine mese o ai Terremotati che fra pochi mese saranno a spalare la neve per sopravvivere in povere casette che non sono più abitabili pensa a persone come te quale vita infernale devono subire… Basta con questa demagogia».

Laura C.: «Scusa la domanda ma in casa tua quanti clandestini ospiti?».

Ferdinando N.: «Pezzo di merda vattene in Africa che qualche cazzo nero che ti sfonda lo trovi a te e tutti quelli come te che hanno portato questo paese in questo stato».

Anna C.: «Grazie a persone come voi sostenute dai PDIOTI....gli ITALIANI stanno vivendo il peggior periodo della storia...no aiuti a noi...si ai migranti merce umana...no a struttura x i nostri figli...e quindi scappano x VIVERE....i buonisti del cazzo...venduti...falsi... merde...merde...merde».

Antonia C.: «Lo dico io. Chi vuole se li vada a prendere e se li porti a Casa. Una raccomandazione. Se hai moglie figlie pure piccole, suocera amica, stai moto attento. Saranno stuprate s te se stuprano pure a te. Stai sereno».

Roberto S.: «Questo è lo stesso tipo di persona che se uno di questi sfortunati gli chiede un € alla COOP o al Despar no lo degnano neanche di uno sguardo. Finitela buonisti del cazzo. Andate a cagare alla faccia vostra».

Roberto V.: «Iacopo, perché non lo ospiti qualche migrante? Con tutti i soldi che ti sei fatto devolvere per i tuoi libri a mo di offerta».

Alessandro L.: «Quanto sei bravo a parole perché non vai tu al posto dei maro' così ti fai le vacanze in India! Tu parli senza mettere in moto il cervello o quello che ne rimane. Tu quanti terremotati aiuti o sfami chi va alla Caritas fammi sapere?! Ma anche gli immigrati non li aiuti sei soltanto parole fatti ZERO».

Anonimo (mi ha bloccato subito dopo aver inviato il messaggio perciò non ho potuto leggere il nome): «Quelle persone uccise sono. Nere e delinquenti, il tuo buonismo ti ucciderà..... Non sei diverso dagli altri, spiacente, pur essendo un ragazzo disabile non posso essere d'accordo con te.... Spiacente. Stai sbagliando tutto. Sei solo un povero disabile e non puoi darmi lezioni di vita. Ti sei montato la testa e ti ripeto che sei disabile e in questa societa' non esisti. Ciao ectoplasma. Stai bene coi negri».

4. Il realista

Dopo tanta cattiveria riprendiamo un attimo fiato, come si suol dire, affrontando una categoria finalmente "utile" dal punto di vista sociale. Ogni tanto, infatti, spunta fuori una tipologia di hater mossa dal nobile intento di aprirmi gli occhi per migliorare la mia vita.

L'altruistica intenzione dell'odiatore "realista" è proprio quella di farmi prendere coscienza non solo della mia condizione fisica, ma anche o soprattutto di quella mentale e sociale. Sarà chiaro anche a voi, leggendo i prossimi commenti, come tutto questo venga affermato solo e unicamente per il mio bene, e in qualche modo per il bene di chi leggerà il commento in questione. D'altra parte, i cambiamenti più importanti della nostra vita avvengono sempre grazie a un qualche tipo di epifania!

Siccome sono generoso, ecco dunque un elenco di preziose perle di saggezza alle quali, probabilmente, il buon Massimo Troisi avrebbe risposto «Mo' me lo segno…». E dato che ognuna di queste mi ha reso una persona migliore, di certo più lucida, magari potrebbe avvenire lo stesso anche a voi che leggete (tranquilli, è tutto compreso nel prezzo di questo libro, non ringraziatemi e vogliatemi bene).

Colgo l'occasione per mandare agli hater "realisti" un GRAZIE enorme quanto la lungimiranza da loro dimostrata. Perché in fin dei conti ognuno di noi dovrebbe avere nella vita un piccolo grillo parlante politicamente scorretto che lo aiuti a trovare la verità dentro di sé.

Esempi di hater "realisti":

Sokoi D.: «con cuella facia lo perdi treno».

[La cosa esilarante è che il signore, che mi aveva attaccato in difesa di Salvini, è extracomunitario.]

Giusy C.: «Iacopo Melio devi avere veramente grandi problemi!!!!!!mi dispiace davvero!!!!!».

Rachele R.: «Iacopo Melio, oramai sei irrecuperabile. Mi spiace».

Risposta mia: «Prova con la funzione "trova il mio iPhone". Tanto l'ho sempre con me».

Grazia Di N.: «Sei arrabbiato col mondo intero, certamente a ragione».

[«Certamente»...]

Alberto B.: «Noi ridiamo e scherziamo ma questo scopa più di noi p***o d*o!».

[Grazie per la fiducia, Alberto. (La bestemmia in origine non era censurata, perché "il realista" non ammette filtri per questioni di dovere e coerenza morale)]

Emiliano Michele S. M.: «sei un cretino».

Fausto F.: «Ma che cazzo vuoi resistere tu sei un venduto, a chi ha tolto l'art. 18 a chi ha tolto i diritti sociali, come gli invalidità non in carrozzina e fai il figo? Io sono "diversamente abile" ma non inabile perché venduto, mi fai un po' schifo, ma non auguro male a nessuno in ogni caso, anche se mi fai schifo!!!!».

Tiziana De L.: «Iacopo Melio come hai un acido in corpo...».

Alfredo B.: «CARO SIG JACOPO LEI USA LA PAROLA ODIO E POI FA IL PACIFISTA, ED IL BRAVO BUONISTA CHE ACCOGLIE,TUTTI,LEI USANDO CERTE PAROLE SEMINA ODIO NELLE PERSONE,LE CONSIGLIO DI ANDARE AD ASCOLTARE IL PAPA,MAGARI CONOSCERA' ANCHE LA PAROLA PACE,BUONA SERATA».

Sofia A.: «Ti dai troppe arie inutilmente! Sei come tutti noi altri, anzi te sei sfigato e diverso: soffri pure di un malattia senza cura . Il Comunismo! Fatti na' vita va».

Lucia R.: «Il solito coglione comunista zecca rossa».

Daniele V.: «Iacopo Melio sono le teste di cazzo come te che impediscono alla ricerca di esercitarsi promuovendo l'hanticap come uno stile di vita da imitare!!».

[Quando uno è un influencer, è un influencer… c'è poco da fare.]

Anonimo (mi ha bloccato subito dopo aver inviato il messaggio perciò non ho potuto leggere il nome): «Sei un comico perché mi fai ridere».

[Non fa una piega.]

Caterina C.: «Iacopo la popolarità ti ha evidentemente dato alla testa».

Linda Z.: «Se pur ignorante caro Jacopo Melio le dico che lei e' razzista cattivo vada lei al potere a fare meglio di quelli che abbiamo avuto e che abbiamo e che avremo..l'unico potere e' il dio denaro rosso nero verde o giallo..non conta il colore e l'ideologia…mi meraviglio di lei che da una carrozzina sputa sentenze…vada in chiesa e preghi Dio di farlo diventare piu' buono..lei e' impastato di cattiveria …lei non si batte x la gente ma x trovare pace x se stesso…».

Risposta mia: «Amen, sorella!».

Linda Z.: «Iacopo Melio non voglio essere sua sorella.. mi vergognerei di lei».

Risposta mia: «Mia sorella sarebbe d'accordo con lei».

Daniela L.: «Iacopo sei proprio da compatire».

Marco C.: «CHE PESANTE!».

Risposta di Nino A.: «Non e pesante, e demente..».

Marco C.: «UN PESANTE DEMENTE».

[Un diplomatico patteggiamento!]

Filippo R.: «Non vi va mai bene un cazzo... tipico sinistroide».

Risposta mia: «Che vuoi farci, sono nervoso: oggi non ho ancora mangiato un bambino».

Cristiana Del D.: «Iacopo Melio come sei monotono, acido e ripetitivo tipico di chi non tr… mai ☺».

[Sottolineo: ☺]

Mauro V.: «Sei un paralittico di merda!».

Dino F.: «Sei solo un ignorante che per farsi pubblicità dice coglionate».

Vincenzo L.: «Io parcheggio sui marciapiedi... Tolgo il mi piace».

Risposta mia: «Sei il mio nuovo mito!».

Sotto un mio post sul diritto all'accessibilità:

Michele M.: «Speriamo che tu perda questa battaglia perché ci costeresti più tasse. Stai a casa e non rompere i coglioni».

5. Il consigliere

Subito dopo coloro che cercano di aprirmi gli occhi rivelandomi (ovviamente per il mio bene) ciò che sono o che dimostro di essere in base a quel che scrivo e alle idee che condivido (sia chiaro, senza mai spacciarle per verità assoluta ma dando semplicemente il mio personale punto di vista sulle cose, condivisibile o meno che sia), è la volta di coloro che, sempre a vantaggio mio, cercano di darmi consigli preziosi dall'alto della loro saggezza.

D'altro canto, anche Faber cantava «si sa che la gente dà buoni consigli se non può più dare cattivo esempio». Ma la categoria dei "consiglieri" racchiude molto di più, compresa la bizzarra mania, non si sa perché, di mandarmi in ogni luogo possibile e inimmaginabile (non solo "a prendere il treno", metaforicamente parlando).

Che poi, se sei un disabile fisico si sentono tutti in dovere di trattarti automaticamente come un disabile mentale (e ci fosse mai un disabile mentale che, nonostante i suoi limiti, venga trattato come un adulto qualsiasi anziché come un bimbo di cinque anni...). In questo caso, l'infantilizzazione non è più una conseguenza sociale negativa della disabilità stessa, ma un modo subdolo per sminuire l'altro e ridicolizzarlo. Chiamereste mai l'amico trentenne di una vostra amica "Marcolino" nonostante si chiami Marco e non lo abbiate mai conosciuto di persona?

Esempi di hater "consiglieri":

Alessandro P.: «Abbassa la cresta Iacopino, perché prima o poi la testa la sbatti. Presuntuoso e supponente. Come sempre e come tutti quelli di sinistra che insegnano agli altri a stare al mondo. Ma fai il bravino, su...».

Patrizia F.: «Iacopo meglio datti foco».

Un minuto dopo corregge:

Patrizia F.: «Iacopo Melio datti foco».

[Ora sì. Va bene.]

Alessia C.: «Iacopo Melio te sei un poveraccio asserbatelo quell' unico neurone che hai».

Risposta mia: «Lo metterò sottovuoto...».

Arianna Z.: «Vergognati...e hai studiato ma vai a Lourdes a chiedere la grazia che il Signore ti dia l educazione..e una molecola di cervello…vai a pascolare le pecore..».

[Dov'è il dono dell'ubiquità quando serve?]

Pasquale F.: «Prendi un po' di crema rinfrescante x bruciori di culo che ti serve… 😂😂😂».

Simone C.: «Iacopo Melio vai al circo…pagliaccio».

Fabrizio M.: «Vai a prendere il treno va' che è meglio!».

Roby Z.: «Iacopo Melio fatti curare da uno bravo sei frustrato sei confuso sei malato sei…lasciamo stare poi ti offendi».

Commento di Simonetta B.: «È sicuro di quello che dice? Si rilegga e ci pensi. Oppure faccia la differenza. Grazie».

Marco S.: «Melio smettila di fare il Saviano dei poveri».

Pino G.: «Iacopo Melio e prendilo sto cazzo di treni e vai a farti una bella vacanza».

Agif A. A.: «Ti strumentalizzi bene… continua così!».

Giuseppe P.: «Iacopo Melio, stai sempre in mezzo… falla finita con i tuoi commenti puerili…e pure stupidi… vai a lavorare».

Dopo aver difeso la Capitana Carola Rackete:

Giuseppe D.: «Invito tutti coloro che sono d'accordo con il cap. mangiacazxi e Melio a prendere un bel neurone bisognoso d'affetto a casa propria».

Giuseppe S.: «Sei obsoleto fattene una ragione jacopino 🎈🎈🎈».

[I palloncini sono un tocco di classe!]

Antonella B.: «Ma vergognati!! Ingrato».

Bruno T.: «CURATI DA UNO BRAVO».

Claudio G.: «Se stai tutto il giorno sui social accetta anche chi ti manda a fare in culo».

Andrea B.: «Zitto zecca».

Risposta mia: «Ma non era "zitto e mosca"?».

Gabriele C.: «Cambia foto profilo spaventa passeri».

Enzo S.: «Per me faresti meglio a farti i ca... tuoi».

[Dev'essere parente dell'ex senatore Antonio Razzi.]

Raimondo R.: «Lasciatelo farneticare».

Risposta mia: «SolochepensavoaquantoèinutileFARNETICAAAAARE...crederedistarebenequandoèinvernoeteeeee... Togli le tue mani calde, non mi abbracci e mi ripeti che son grande, mi ricordi che rivivo in tante cose... NANANAAANAAANAAANAAAAAA!!».

Durante una mia diretta Facebook:

Patrizia D.: «Zitto».
Patrizia D.: «Zitto mongolo».
Patrizia D.: «Zitto».
Patrizia D.: «Ma stai zitto».
Patrizia D.: «Stai zitto».

[Non mi è molto chiaro il concetto...]

6. Il curioso

Simone Cristicchi sostiene che «i matti sono punti di domanda senza frase». Io ho incontrato più domande fatte di sole frasi e niente punti interrogativi, ma il concetto si sposta di poco.

Ognuno di noi, chi più chi meno, conserva ed esprime una buona dose di follia. Nella categoria degli hater "curiosi" ho scelto di inserire tutti coloro che commentano i miei post con una domanda (quasi sempre retorica perché, e qui devo dargliene atto, spesso il sarcasmo – che utilizzo anche io – è molto più incisivo e soddisfacente delle bieche offese esplicite).

Se vi va, potete provare a rispondere mentalmente a ognuno di loro: un giochino divertente da fare magari sotto l'ombrellone la prossima estate, inscenando piccoli dialoghi degni del "teatro dell'assurdo". Che poi, l'assurdità, è ciò che i social network finiscono quasi sempre per tirare fuori.

Buon divertimento!

Esempi di hater "curiosi":

Francesca P.: «Iacopo quando metterai la spina per far funzionare il cervello».

Bionda C.: «IACOPO MA LEI CE O CI FÁ?».

[A saperlo…]

Lorenzo P.: «Ma finiamola... i posti per disabili... le cose più inutili che esistano... perché i disabili devono guidare? Per provocare incidenti?».

Roberto V.: «Ma sti soldi che raccogli poi li doni o te li pappi tutti tu?».

Giulio G.: «Io mi chiedo dov'eri tu che giudichi, i neri prendili a casa tua invece di invadere l'Italia».

Agostina D.: «Non ti sembra che cominci a rompere i coglioni??? E basta…».

Luca M.: «Iacopo Melio quale cazzo è il tuo problema imbecille».

Sotto un mio post dove criticavo Salvini perché era andato in vacanza al Papeete Beach anziché alla commemorazione della strage di Bologna:

Micky T.: «MA QUANTO TI PIACEREBBE AVERE UNA VITA SOCIALE COSI E DIVERTIRTI EH?????? invece sei costretto a vivere la tua vista dietro al pc e a fare lo sfigato sociale. Brutta cosa l'invidia».

Giancarlo I.: «Iacopo Melio ma sicuro che lei non sia disabile in testa?».

Andrea C.: «Iacopo Melio finocchio e comunista...... hai altri pregi?????».

Giovanni F.: «Iacopo Melio sei un nulla, un piccolo frustrato, di la verità il tuo odio e la tua cattiveria la sfoghi solo qui? .... non credo ...».

Sonia B.: «Senti, ma na sportina de cazzo tuoi mai è?...».

Sotto un articolo che parlava di un evento della Onlus #Vorreiprendereiltreno ampiamente partecipato da parte di cittadini e politici:

P. P. L.: «Tanto successo .... Non è che hai spinte politiche importanti dietro?».

Francesco D.: «Perché nun te fai cura'?».

Dopo esattamente una settimana, leggo un nuovo commento e lo riconosco:

Francesco D.: «Iacopo Melio fatte cura'».

[Se non fosse chiaro.]

Qui viene contestata la forma dei parcheggi per disabili, con lo spazio zebrato laterale per permettere una comoda discesa alla persona con disabilità sia che si trovi dietro che al posto del guidatore:

Luciani G.: «Se siete disabili perché allora guidate tranquillamente? Capivo se avevate un accompagnatore e allora il posto avanti all'entrata serve e come, ma vedervi girare belli freschi col posto assicurato non mi sembra essere disabili. Il vero mistero è perché i disabili possono guidare... Così come i vecchi con 90 anni che non fanno altro che mettere a rischio vita e auto altrui bruciando frizioni... Il problema è alla radice».

Federica B.: «Ma tutti quei disabili che ostentano la propria disabilità per ricevere per ricevere apprezzamenti, per dimostrare che sono forti, che sono belli, che si può vivere con orgoglio anche in carrozzina e blablabla, esattamente come l'hanno battuta la testa?».

Mark T.: «Ma non si vergogna a dover far passare il banale messaggio sul "mondo senza barriere" tramite fb e un post sponsorizzato a pagamento?! Capisco che faccia parte di quel giro di soldi e abuso dei social a cui punta, ma la dignità ha preferito vendersela? Che schifo....».

7. L'economista

Tra i vari trend comuni a molti hater, c'è senza dubbio quello che riguarda l'aspetto economico della persona attaccata. Il me più ingenuo non avrebbe mai immaginato, come vi dicevo, che non sarebbe stato immune nemmeno a questo "filone", forse perché ho sempre pensato che la disabilità fosse percepita dalla società come una debolezza e non come un privilegio, e invece...

In questa categoria troverete una minima parte di coloro – assai numerosi e ancora oggi mi stupisco di questo – che adorano farmi i conti in tasca (nemmeno ostentassi proprietà, beni di lusso o attività commerciali e imprenditoriali). Davvero si può arrivare a invidiare una persona con una grave disabilità e problematiche fisiche solo per qualche centinaio d'euro di pensione? Davvero non si riesce, se mai ce ne fosse, ad ammettere che sia frutto di un qualche piccolo merito, senza reputare tutto ciò che è stato guadagnato come un regalo o una raccomandazione?

Dopo un'accurata analisi e ricerca finanziaria (immagino...), gli hater "economisti" finiscono con lo stabilire che io sia sistematicamente ricco, non solo in quanto disabile (come non menzionare, appunto, la consistente cifra che ogni mese lo Stato regala a noi rottami certificati, peraltro facendomi sentire in debito con chi «mi pagherebbe la pensione attraverso ingenti tasse»), ma anche in quanto attivista presidente di una Onlus (perché il no-profit non esiste e il volontariato è pura speculazione, così come le Ong sono tutte società a delinquere) nonché amico di politici influenti.

Oggi, secondo loro, nessuno fa qualcosa per gli altri senza tornaconti personali, e poi senza la raccomandazione (leggasi corruzione) dei partiti politici non potremo mai combinare qualcosa di buono. Alla luce di ciò, credo che questa sia forse la categoria più triste, perché spesso il sentimento che muove queste persone è frutto di una condizione privata socialmente e finanziariamente difficile, e di questo me ne dispiaccio molto. Le guerre tra poveri le ho sempre trovate controproducenti oltre che sciocche.

Per questo finisco puntualmente col chiedermi se davvero, per questi hater, siano più importanti la fama, i soldi e i contatti giusti (tutte cose che in fondo non ritengo di avere e che non vanno confuse con un po' di visibilità online), rispetto a qualche cosuccia di circostanza tipo, chessò, la salute e il benessere psicofisico (elementi per i quali baratterei ben volentieri i big likes dei miei post).

Ma entriamo nello specifico.

Esempi di hater "economisti":

Angelo C.: «Ma questa pagina cosa schifo è diventata una propaganda elettorale continua? Attacchi a Coppola di min**** al partito del movimento 5 stelle, una volta parlavi di barriere disabilità, spronavi la gente, davi lezioni di vita ! MA OGGI COSA SEI DIVENTATO PER 4 SOLDI ???????????».

Risposta mia: «Per quattro soldi non mi alzo nemmeno dal letto… Con questo post, ad esempio, ci ho potuto pagare la piscina di casa: me la mettono ad aprile, d'estate ti invito!».

Angelo C.: «Ma che c'entra ora di quale movimento politico fai parte? Questa pagina una volta la seguivo … Ma quando non c era scopo di lucro, e ci siamo capiti».

[E sarebbe stato meglio non capire…]

Sotto un post relativo a una raccolta fondi per finanziare un nuovo progetto di #Vorreiprendereiltreno:

Dario M.: «per chi si riempie le tasche? neanche un cent!».

Risposta mia: «È bello quando le persone sono informate e prive di pregiudizi. Ti abbraccio anche io, Dario.».

Giorgia S.: «E intanto tra una carrozzina e l'altra promuovi il tuo libro».

[Non credo ci sia bisogno di specificare, ma nel dubbio: non ho mai pubblicizzato un mio libro, una mia conferenza o qualunque cosa che riguardi il lato professionale con retribuzioni e guadagni annessi, nella pagina della Onlus #Vorreiprendereiltreno]

Valerio N.: «da disabile, anche io lo seguivo all'inizio adesso ha iniziato a starmi sul cazzo! i problemi ci sono ma lui pensa solamente al suo ego e al portafoglio!».

Andrea V.: «Francamente ci sono altre sono altre persone a cui Mattarella dovrebbe dare ben più visibilità. Disabili non benestanti ad esempio. Quelli che hanno la pensione minima».

[Percepisco 250 euro di pensione di invalidità, come tutti… Più minima di così.]

Pietro P.: «Vorrei proprio sapere quanto ti pagano per approfittare della tua situazione fisica e per il pietismo che tenti di imporre... mio zio è stato una persona sfortunata come te e più di te,ma non ha mai nella sua semplicità permesso a nessuno di sminuire la sua dignità come fai te vendendoti ad una classe politica che è formata da sciacalli e avvoltoi...VERGOGNATI».

Vincenzo C.: «Melio non capisco le vostre critiche, è l'unico governo che vi da 780 euro so che difronte ai vostri problemi sono pochi, ma almeno pensano anche a voi…».

[Falso, la pensione è rimasta invariata e non è stata portata a 780 euro come era stato promesso in campagna elettorale dal precedente Governo.]

Ele M.: «Chi devi sostenere Jacopo? Se non sei impazzito tutto in una volta sono costretta a pensare che ti hanno pagato o, peggio ancora, plagiato x screditare gratuitamente chi finalmente sta facendo tanto per migliorare la vostra situazione».

[Falso, ad oggi non è cambiato nulla per le persone con disabilità, anzi…]

Ivan C.: «Dobbiamo sempre avere pena verso sta gente? ma io non capisco non solo ci portano spese non solo chi la vede diversamente da loro deve essere etichettato come razzista e dovremmo avere anche pietà per lui che non si può muovere? Ma con tutti i soldi e la pubblicità che fa sta messo bene (non scordiamo la pensione perché lui è invalido non stupido). Detto questo a chi sembro razzista gli dico una bella cosa (VA FAN CULO)».

[A parte la divisione in sillabe, ha ragione. Dopo aver posato come testimonial di intimo mi sono montato un po' troppo la testa.]

Richard S.: «Iacopo Melio è uno di quelli che sulla.sua disabilità ci ha costruito un industria di denaro. All'inizio ti seguivo Con piacere. Poi quando ho cominciato a capire i tuoi reali interessi ho levato il like alla tua pagina. Questo tuo commento sulla pagina di Di Maio , il cui unico scopo è aumentare i like ed i consensi, lo trovo stupido e fazioso».

Piera C.: «Dicci quanto ti hanno pagato per dire sta stronzata dai!».

Fabio C.: «Ospitali a casa tua E CON I TUOI SOLDI VISTO CHE NE HAI TANTI».

Sotto un mio articolo – per me lavoro – sull'occupazione giovanile:

Marco R.: «Vai a lavorare!».

Ogni anno per il mio compleanno (28 aprile) organizzo una raccolta fondi per la Onlus #Vorreiprendereiltreno, che pubblicizzo per tutto il mese di aprile (attenzione a questo dettaglio!). A fine raccolta riusciamo a finanziare mediamente tre progetti, per un valore complessivo non indifferente che talvolta ha toccato i 10mila euro. Storico è rimasto questo commento dell'anno scorso, che ogni tanto chi segue la Onlus ripropone per farsi due risate durante le nuove raccolte fondi:

Giorgio Z.: «Ma...se non sbaglio questo post l'ho visto qualche tempo fa..... Mi sembra che questo signore compie gli anni molto spesso un un'anno».

[Non so voi, ma io lo trovo meraviglioso!]

Angelo C.: «Mi pare che da quando la pagina di melio è sotto sponsor o altri interessi, è cambiato pure lui nello scrivere .. ti ammiravo tanto, ma ora pensi solo a parlare degli altri ..... Piuttosto che mandare avanti associazioni Onlus pro disabilità , che superino le barriere e via dicendo, quanto tempo è che non parli di queste cose ????».

Vincenzo C.: «Iacopo Melio dobbiamo pagati il reddito sostegno e invalidità e accompagno a te..... tutto noi lavoratori…. e hai anche il coraggio di parlare…. vergognati. quanto prendi totale in euro al mese???? Penzione accompagno ecc ecc ???? Vogliamo sapere quanto ci costi???? Rispondi adesso ??? Sono in attesa».

[Con una veloce ricerca abbiamo trovato un articolo che parla del ragazzo: qualche anno fa è stato condannato a tre anni di arresti domiciliari per spaccio e detenzione in casa di droga – da cocaina ad hashish e marijuana. In pratica, la sua detenzione ed evasione fiscale ci è costata molto più di tutta quanta la «penzione» che percepirò in tutta la mia vita…]

Paolo R.: «Anche ai disabili piacciono i soldi».

[Siamo handicappati, mica scemi!]

Sotto un post dove attaccavo Matteo Salvini per aver usato una foto di Emma Bonino per far propaganda incitando all'odio i suoi seguaci:

Elena M.: «Iacopo Melio tu fai ridere perché condividi nello stesso modo questo scempio che hai scritto e il tuo impegno sociale (libri, visite psicologiche…) Si è buonisti solo quando entrano soldi in tasca».

Antonietta R.: «Depennami dalla tua onlus di parassiti, grazie».

[Ho controllato: mai stata tesserata, mai donato un euro, boh. Misteri.]

Giuseppe C.: «Onlus=mangiare sulla cazzonaggine dei creduloni. Onlus:tutte zecche comunisti».

8. Il social media manager

Tutti noi sappiamo con quale facilità si possano trovare commenti polemici in giro per il web: diciamo pure che obiettare sempre e comunque è ormai diventato lo sport preferito che accomuna i commentatori seriali di questo mondo, non solo gli hater più "evoluti".

Mettetevi dunque l'anima in pace, che tanto alla maggior parte di coloro che troverete sotto qualunque articolo pubblicato su Internet da qualche nota testata non andrà mai bene niente: se da domani iniziassimo a fare miracoli, ad esempio, loro troverebbero lo stesso da ridire, magari sostenendo che un tempo Gesù li faceva comunque meglio di noi.

Non c'è nulla però di più polemico di un hater che si improvvisa esperto in qualcosa: oggi può essere giudice o magistrato, domani capitano di navi esperto di diritto del mare, fra un mese lo ritroveremo criminologo, allenatore di calcio o economista o, perché no, scienziato politico, quando non è impegnato nell'attività di alternativo medico antivax.

Tra i vari espertoni dell'era digitale, troviamo una categoria poco diffusa e che, modestamente, sono uno dei pochi a vantare: quella dei "social media manager", un modello digi-evoluto dell'hater basico, non ancora così bravo però da aver capito che, ad esempio, è sufficiente cliccare sul tasto "non seguire più", "disattiva notifiche" o ancora "non mostrare più questa inserzione" per eliminare ogni traccia della persona che si odia (in questo caso il sottoscritto).

L'hater "social media manager", nel mio caso, avverte l'esigenza di criticare qualunque mia scelta o condotta 2.0, non solo sul versante personale e professionale ma anche rispetto alla Onlus: blocco qualcuno solo perché mi ha insultato in modo pesante e ripetuto o ha insultato in modo violento qualche altro commentatore? Automaticamente sono un dittatore di Facebook che professa democrazia ma vuol solo aver ragione, selezionando su queste basi il suo pubblico di adepti leccapiedi. Pubblicizzo la nuova raccolta fondi per finanziare un progetto sociale? Sono un markettaro che chissà da dove ha preso i soldi per sponsorizzare quella campagna (dalle donazioni stesse, ovviamente, che grazie alla visibilità dell'inserzione permetteranno di generare il quadruplo di donazioni rispetto all'investimento iniziale, andando così a moltiplicare i progetti realizzati ogni anno – è puro marketing, eh!). Faccio un annuncio perché ricerco forze e aiuti, sempre per raggiungere qualche nuovo traguardo con l'associazione? È palese che non voglia pagare professionisti (se non in "visibilità") e chissà, anche qui, cosa ci farò con i soldi risparmiati o ricavati. Commento civilmente, muovendo critiche in modo democratico e legittimo, sotto i post di qualche leader politico a loro caro? È perché stavolta sono io a cercare visibilità, sperando di essere notato raccattando qualche like o, peggio ancora, l'ho fatto perché sono stato pagato per seminare discussioni in giro. Parlo di un argomento "x"? C'è sempre un argomento "y" più importante che avrei dovuto trattare, ma che ho evitato di fare volutamente in quanto fazioso. Rispondo in modo sarcastico ai commenti cattivi per evitare di essere scortese e abbassarmi al loro livello? Non so dialogare, sono un bullo, utilizzo la mia disabilità come scudo per sparare cattiverie sapendo di restare impunito perché insomma, diciamolo, chi insulterebbe un disabile? Un disabile può dire ciò che vuole, un disabile si sente Dio con la ragione in tasca! Non ho risposto a un commento disperso tra migliaia di altri commenti? Non è perché non riesco più a star dietro a tutti (per mancanza di tempo e impossibilità tecnica, vista la mole dei messaggi quotidiani), ma perché evito volutamente domande scomode, per nascondere chissà cosa. E se invece rispondo a un commento? Voglio avere l'ultima parola, mi pare ovvio! Per non parlare poi del fatto che, siccome sono un "personaggio pubblico" e ho scelto di aprire una pagina su Facebook a mio nome, dovrei stare zitto e accettare ogni tipo di commento e giudizio, anche il più offensivo e feroce, perché "altrimenti ti crei un profilo privato come tutti e cambi lavoro".

La lista è così lunga che potrei scrivere un libro intero solo su questo, così ho selezionato giusto qualche esempio significativo. Ovviamente tutti reali, come sempre.

Esempio di hater "social media manager":

Marco Aurelio (fake): «Mi sa che questa, il caro Iacopo, te la fa pagare con un ban. Ma tanto sappiamo che è un approfittatore. In questo caso valgono i pregiudizi degli antichi Greci sull'aspetto esteriore».

[Altro che Alberto Angela, la prossima puntata sul Taigeto la condurrà Marco Aurelio.]

Armando C.: «Jacopo Melio, che sponsorizza la sua pagina su facebook sperando che qualcuno metta il like perché mosso a compassione, si indigna nel momento in cui qualcuno insulta la disabilità. Il primo insulto alla disabilità è lui».

Sabrina C.: «COL CAZZO CHE TI METTO MI PIACE».

Peter G.: «Che schifo la pubblicità su Facebook a pagamento in ogni caso non so chi sei e mai metterò mi piace a qualcuno che neanche conosco e mi sembra anche ILLEGALE».

Gabriele F.: «Questo ragazzo fortissimo, a cui faccio tanti auguri per l'onorificenza, ha un social media manager che va in giro sui social ad insultare chi non la pensa come lui, dando delle pecore o ignoranti ai follower dei "potenti" di turno (Salvini o Di Maio), le reazioni ovviamente sono scomposte e vanno condannate ma chi gli cura la comunicazione non si esime dal fare provocazioni gratuite. I suoi interventi possono essere facilmente rintracciabili nelle pagine summenzionate».

Risposta mia: «Fortunatamente nessun social media manager, caro Gabriele… e se hai bisogno di prove ti mando un video in privato dove ti saluto, però poi lo pubblichi, così ricordiamo a tutti che anche i disabili sanno essere – giustamente – stronzi con i fascisti ☺».

Enrico M.: «Luca ma infatti lui la metà dei follower la deve più che altro alla sua disgrazia...molte delle persone che lo seguono e lo acclamano lo fanno perché dentro di se si sentono "persone migliori"...basta leggere alcuni dei commenti sotto i suoi post per capirlo. Lui cancella tutti i commenti che vanno contro ciò che dice, non perché sono offensivi ma perché essere smentito da argomentazioni valide porterebbe i suoi follower a difenderlo in quanto disabile e non per le sue opinioni. E per lui questo sarebbe la peggiore delle offese».

Roberto P.: «A me pare di capire che non tutto lo scritto sul tuo profilo FB è farina del tuo sacco, se qualcuno ti imbecca digli che lo sta facendo male..... la tua lotta è degna di attenzione e rispetto ma devi stare fuori da quello che è pettegolezzo e spettacolo.....».

Pina P.: «Ma perche sei capitato sul mio profilo? Io non ti ho cercato... come faccio ha levarti? Ditemi per favore come fare a levarlo che io non l'ho messo e non so chi sia questo».

Dopo qualche commento di altri che, poverina, la prendevano un po' in giro:

Pina P.: «Si ma mi dite come fare per toglierlo? Vi ripeto che io non l'ho cercato e me lo sono ritrovato nel profilo...non so chi sia e non voglio piu leggere queste scemenze...grazie ditemi come fare per levarlo!».

[La signora aveva messo like alla mia pagina.]

9. Il pro vita

Alla posizione numero nove ho scelto di menzionare una categoria speciale che dovrebbe essere di nicchia ma, in realtà, ultimamente appare fin troppo nelle pagine di personalità un tantino più "scomode" ed esposte. La cosa che mi e ci rende più tristi è la consapevolezza che a farne parte sono persone come noi: gente che ha ricevuto una scolarizzazione basilare come noi, che vota come noi, mangia le nostre stesse cose, gira per le medesime strade e ritroviamo quasi sicuramente davanti o dietro di noi alla cassa del supermercato o magari in fila alla posta o al tavolo accanto del ristorante. Eppure sono insospettabili!

Sì, perché l'hater "pro vita" si mimetizza benissimo a colpi di post su Facebook tra gattini glitterati, tazze di cappuccini con la scritta «Buongiornissimooooo!!!» cioccolatosa sulla schiuma della panna ed ecografie di embrioni con sotto scritto in Comic Sans gigante: «Lo vedi che anke io ho 1 cuore? Condividi se nn vuoi che venga ucciso!», per non parlare delle immagini religiose come immagini di copertina dei loro profili, quando in realtà loro sono l'esempio opposto della carità e della misericordia.

Poi però appena difendi il Bilal di turno perché un criminale sfruttatore italianissimo lo ha costretto a cogliere pomodori per due euro l'ora in nero, fino a farlo morire sotto il sole cocente del Sud; oppure quando ricordi al vicepresidente di un Consiglio dei Ministri che le parole sono importanti e che realizzare un ministero "per la famiglia e la disabilità" significa tornare indietro di cento anni, ghettizzando quasi cinque milioni di persone (su questo ci torneremo più tardi); o quando sottolinei che i diritti di una coppia omosessuale non tolgono alcun diritto a persone con un orientamento diverso... ecco che si rivela la vera faccia di certe persone.

E no, non è paternalismo né tantomeno snobismo. È che c'ho proprio questo vizio di voler bene agli altri, senza pregiudizi.

Esempio di hater "pro vita":

Ornella R.: «Io spero che questo iacopo muoia».

[Ha beccato il congiuntivo, non possiamo dirle nulla, mannaggia...]

Sotto un mio articolo pro LGBT:

Giorgio B.: «Caco Jacopo pezzo di merda meriti di essere sgozzato se vuoi ti accontento».

Tonino G.: «Iacopo Melio fatti un favore impiccati».

Umberto C.: «Buttati a mare tu e la vecchia politica ignorante senza cervello».

Vincenzo P.: «sei messo male male male… sparati in bocca».

Franco A.: «Ma buttati al cesso perbenista del cazzo!».

Giovanni P.: «invece chi vota PD ha capito tutto, egregio signore le suggerisco un bel ponte , in Italia ne troverà di carini……..».

Anonimo (mi ha bloccato subito dopo aver inviato il messaggio perciò non ho potuto leggere il nome): «Aborto mancato. Ammazzati».

10. Il jolly

Ed eccoci qua. Come tutte le cose belle anche questo viaggio prima o poi sarebbe finito, lo sapevamo già, così siamo giunti al termine di questa crociera burrascosa nella nostra avvincente "top 10" di disagio, ignoranza, talvolta disumanità e tanta frustrazione, ma anche un pizzico di creatività, simpatia e folklore. Per ultima ho scelto di lasciare la categoria più importante, quella maggiormente poliedrica.

Il jolly, come ben saprete, è la carta da gioco raffigurante un giullare e può essere utilizzata in sostituzione di una qualsiasi carta specifica, assumendo un valore e un significato sempre diverso in base alle circostanze. Per questo motivo vorrei chiudere la nostra scalata raccontandovi di quegli hater così camaleontici da avere come unica caratteristica l'originale capacità di trasformarsi a seconda dell'occasione, attaccando con performance uniche e irripetibili!

Ogni hater "jolly" è un dono, o se preferite un pezzetto di "Cuore Immacolato di Maria" (con rispetto per i credenti praticanti, appunto, almeno da parte nostra e non da chi strumentalizza la Fede per pura propaganda politica), essendo in grado di stupire i lettori proprio perché, in base a un contesto ben preciso, riesce ad assumere le vesti di un personaggio cattivo sempre diverso. La numero 10 si aggiudica dunque il titolo di "regina" di tutte le categorie, essendo l'unica in grado di portare davvero un po' di imprevedibile brio durante una giornata emotivamente piovosa.

Esempio di hater "jolly":

L'omofobo

Così, dal nulla, appare un post nella mia pagina:

Vincenzo Z.: «Vaffanculo culattone del cazzo».

La saggia

Avevo pubblicato un bel video di mia sorella che cucinava, e avevo taggato Antonino Cannavacciuolo (che non conosco personalmente) il quale aveva risposto con nostra sorpresa mettendo un semplice like al post. Al che, visto che sta simpatico a tutta la famiglia, decisi di provare a scrivergli in privato per chiedergli un video-saluto per Costanza: lo chef rifiutò (comprensibilmente, viste le numerose richieste che immagino gli arriveranno) ma mi chiese un indirizzo per spedirle una cartolina autografata, e così fece. Un gesto carino e gentile che pubblicai su Facebook mettendo la foto di mia sorella, bella sorridente, con in mano la sua cartolina firmata dal cuoco…

Augusta M.: «Se lui non fosse Iacopo Melio Cannavacciuolo non si sarebbe manco accorto di Costanza perché erano due dei tanti …sconosciuti. E non mi interessano i vostri commenti. Che i celebrolesi ti fanno comodo x i links ……disabile è colui che pur avendone ragione utilizza appieno il neurone sacrificale».

[«Nche senzo?», citando Verdone]

Il matematico

Mario B.: «+ BARRIERE ARCHITETTONICHE – STORPI».

Il veggente

Commento sotto a un articolo de *Le Iene* che parlava dei commenti degli hater che avevo ricevuto in un'occasione ben precisa:

Carmine Di L.: «A me questo non piace: una volta mi capitò di dissentire sulla sua pagina su un argomento da lui trattato e fui maltrattato, in malo modo, al punto da andarmene via disgustato. Chiunque tu sia, normal dotato disabile che sia, devi accettare pareri discordanti dai tuoi: non puoi obbligare chiunque a pensarla come vuoi tu solo perché la tua condizione sociale o fisica "prevale" su altri. A mio modesto parere questa pessima persona sfrutta la sua fisicità per beceri fini e le persone che lo seguono non sono altro che pecore stile Vanna Marchi. I veri eroi non sono quelli che usano la loro disabilità per farne un conto in banca bensì coloro quelli che del loro handicap ne fanno un dono per gli altri e lui non è di questi: per me lui è solo un fenomeno da social stile SferaEbbasta, uno che usa la sua disabilità come strumento per ambire ad un Oscar della notorietà per celare la sua cattiveria che voi come pecore fare finta di non vedere. Ma io non abbocco al suo fascino: io non sono stupido. Io non riempio il suo conto in banca. A quello ci pensa lo Stato e voi stolti. Per me lui rimane un Vanna Marchi che prima o poi pagherà i suoi reati. Provate a confrontare il suo conto in banca e quello di un semplice persona diversamente abile: capirai quanto bello sia aprire una pagina e gridare allo scandalo per comprarti una casa».

[Ma come osi? Ma quale casa?? Si chiama VILLA!!!]

Il campanilista

Alessandro G.: «Ma fatt na chiavat».

Il campanilista + +

M. E.: «A Iacopoooo... NON CIA SUCARI TESTAMINCHIA».

Il genealogico

Q. G.: «Se i nostri nonni di potessero rialzare e tornare in vita per pochi giorni vi romperebbero il culo perché state sputando in faccia ai tanti morti che ci sono stati per difendere i confini di questa Italia di buonisti della minchia. Affondatevi tutti».

La coprofaga

Francesca A. Q.: «Vai a cagare con la scusa della disabilità credono di dire e poter fare qualsiasi cosa. Non è così. Vai a ricagare disgraziato».

Il premuroso

Alberto S.: «Per tua sorella ci vuole bene altro ad esempio un fratello sano non meno matto come te».

Il geometra

Sergio G.: «Lo vede anche un cieco che si tratta di un passaggio pedonale abbandonato! Poi questi disabili hanno rotto i maroni...le città dovrebbero essere trasformate per loro che sono meno dell'un percento...lasciamo stare và».

Il palese

Ales L.: «Iacopo Melio o ci sei o ci fai, cavalcando l'onda del perbenismo a buon mercato. In entrambi i casi la tua coglionaggine è ampiamente palesata».

Il poeta

Simone M.: «Iacopo mi fai cagare Rima con salutare».

Il meritocratico

Alessio R.: «che triste quando sfruttano la propria disabilità per ritagliarsi della celebrità che non meritano».

Il liberale

Andrea F.: «Iacopo Melio siccome esiste la libertà di pensiero, anche io allo stesso modo ti dico MAVATTELAPIGLIANDERCULO!!!».

Il liberale ++

Vincenzo E. M.: «Ti devono internare subito. Sei un povero mentecatto. Però non ti sto offendendo, è la libertà di espressione e non ti è chiaro il concetto che vanno riaperti i manicomi per gente come te».

Il trattenuto

Maurizio P.: «Iacopo Melio ma vai a cagare per non dire altro».

L'iconico

Alessio T.: «Chiudi il 🧠 cretino».

Il serioso

Sotto un palese fotomontaggio di Angelino Alfano con in mano il mio primo libro:

Mario F.: «Adesso ALFANO ti fa va bene perché ti fa pubblicità questa è la tua coerenza???».

Il tifoso

Roberto M.: «Mi hanno appena riconosciuto 67% di invalidità civile e handicap. Ma non scasso il cazzo come te. W. la Lega!!!! Abbasso i comunisti!!!».

Risposta mia: «E le foibe?».

Roberto M.: «Infoibati da solo, co ste provocazioni di sta minchia! Provocatore di basso livello come tutti i comunisti. Poveraccio!!!».

Il distratto

Sotto un mio articolo ironico dal titolo «Dieci motivi per fidanzarsi con un disabile»:

Walter P.: «Auguro a questo essere immondo di diventare lui stesso o una persona a lui vicina un diversamente abile, così si renderebbe conto cosa significa esserlo. Vergognati per aver scritto questo obbrobrio!».

L'attenta

Flora N.: «Sii più umile perché non sei nessuno… e non meriti nessuna considerazione».

Risposta mia: «Ma guardi che è lei qui a considerarmi…».

L'animalista

Silvio S. R.: «Iacopo Melio vai a schiacciare i ricci con il culo».

Il risparmiatore

Antonio M.: «Non ti commento perché è tempo sprecato».

Risposta mia: «L'hai già fatto…».

Il rispettoso

Emanuele L.: «Non centra la tua disabilità e rispetto la tua persona ma questa volta te lo devo proprio dire, ma vai a CAGARE!».

Lo svizzero

Simone B.: «Iacopo Melio sparati che è ora».

L'acculturata

Lori G.: «Che deficiente: Persona totalmente o parzialmente minorata sul piano intellettuale. Sinonimi: cretino, scemo».

Il creativo

Appare un post sulla pagina di #Vorreiprendereiltreno:

[Per chi non l'avesse capito, il buon Giancarlo è stato così carino da avermi piazzato, con il cartello "#Vorreiprendereiltreno" in mano, sui binari di una stazione, augurandomi di prenderlo davvero… il treno.]

Il marzulliano

Marcus G. G.: «Iacopo Melio non è affetto da disabilità ma disabile per problemi di affetto».

[E qui, a lui avrei voluto stringere seriamente la mano!]

La sperduta

Elly J.: «Iacopo Melio ma chi sei ma soprattutto perché ti leggo».

Il sorprendente

Giovanni C.: «Non ti commento nemmeno guarda...».

Risposta mia: «AH».

L' educato

Marco C.: «Vai affanculo sporco comunista coglione bastardo e quella puttana di tua madre».

Risposta mia: «Ciao mamma, Marco ti saluta».

Quella volta che…

Quella volta che schiavizzai mia sorella

Mia sorella ha dodici anni. Se è vero che "ogni scarrafone è bello a mamma sua", mi sarà permesso dire che Costanza, avendo convissuto da sempre con la mia disabilità e con le rotture di scatole che questa comporta (a me e ad altri), è cresciuta con una maturità maggiore rispetto a buona parte delle sue coetanee. Non che questo debba essere necessariamente un vanto o una fortuna, per carità, ma è comunque un dato di fatto.

Capita spesso, così, che io questa sua maturità la racconti, senza vergogna e senza pudore. Lo faccio con l'orgoglio di fratello maggiore che il più delle volte si trova a dover svolgere il ruolo di fratello minore rispetto a lei. Lo faccio perché spero sempre che possa essere un piccolo stimolo per tante famiglie, non solo quelle che hanno un figlio con disabilità.

Capita anche che ogni tanto io e lei restiamo soli in casa. Così era successo un sabato mattina: mia mamma era uscita presto per delle commissioni, per questo Costanza mi aveva aiutato non solo a fare colazione (portandomi tovaglietta, tazza di tè e pacchetto di biscotti a letto, dove per comodità mangio sempre appena sveglio) ma anche a ripulire il tutto, andando poi a lavare le stoviglie in cucina come una piccola donna cresciuta in fretta.

Un gesto carico di amore e spontanea premura che ho voluto, come dicevo, raccontare con semplicità a chi mi legge ogni giorno, come si condividerebbe qualunque altro spaccato di quotidiana bellezza.

Non l'avessi mai fatto!

Quasi immediatamente sono stato sommerso da commenti come:

«Scusi se mi intrometto. Ma lei la guarda? Non sarebbe meglio alzarsi dal letto e aiutare?»

«Bella storia! Educhiamo le ragazzine ad essere le serve degli uomini, angeli del focolare fin da piccole e gli uomini ad essere serviti e riferiti! Complimenti!»

«Magari da domani fai tu lo stesso, x lei, x tua mamma, x chi si sveglia con te!»

Ma soprattutto, tra tanti commenti più o meno comici, è spiccato quello di Veronica D., indimenticabile, che recitava esattamente così:

«E tu le lasci fare senza alzare un dito? Alla tua età? Fatti qualche domanda... un mollusco maschilista... che crede che questo sia giusto... poveretto...»

Prima che mi potessi accorgere del commento le avevano già risposto almeno una quindicina di persone, alcune divertite altre sconcertate, ma tutte per farle sommessamente notare che si stava rivolgendo a una persona in carrozzina, e che per questo il mio intento era soltanto quello di valorizzare gli aiuti che mia sorella mi dà ogni giorno.

In pochi minuti, mentre mi stavo ancora riprendendo dalle risate per il fraintendimento, mi sono arrivate nella casella dei messaggi richieste di scuse da parte di più o meno tutta la famiglia: fidanzato, mamma, suocera, cognata, e ci è mancata pure la migliore amica di Veronica. Tutti temendo chissà quale mia reazione!

La questione, ovviamente, si è chiusa con un sorriso, ma una riflessione credo che a questo punto sia d'obbligo: sebbene da un lato sia stato apprezzabile il fatto che la ragazza mi abbia trattato come qualunque altra persona, concentrandosi sul post scritto e non sulla mia foto, e quindi sui contenuti anziché sull'apparenza, dall'altro lato è triste constatare ancora una volta con quale facilità le persone commentino di pancia, senza informarsi e senza provare a comprendere cosa ci sia dall'altra parte, andando quindi "oltre" il messaggio.

Vabeh, inutile dirvi quanto ci abbia messo quel «mollusco maschilista» a entrare nella storia, proprio per l'ilarità suscitata. Ancora oggi chi mi legge da tempo cita quell'epiteto alla prima occasione buona, per prendermi in giro in modo complice.

La mia foto profilo su Facebook, dopo l'accaduto, è stata da me sostituita con un mio fotomontaggio con, appoggiato sulla mia spalla sinistra, un "Argonauta": un mollusco con cervello e occhi tra i più evoluti, che non solo riesce a cambiare colore in base agli stati d'animo (quindi un fessacchiotto incapace di mentire) ma che soprattutto si riproduce con fecondazione interna, senza copulazione.

Insomma, il Re sfigato degli invertebrati, un po' come me.

Quella volta che mi azzardai a fare merenda

Ognuno di noi almeno una volta nella vita ha pubblicato sui social network una foto estemporanea per condividere il suo pasto coi propri amici: che si tratti di "instagrammare" un grandangolo della colazione gipsy o una bella macro dell'aperitivo chic, o che si tratti di postare su Facebook la panoramica della cena all'all you can eat giapponese coi vecchi compagni di classe ritrovati dopo trent'anni, poco importa. Siamo stati tutti colpevoli, ancor peggio se a colpi di hashtag tipo #foodporn!

C'è poi qualcuno più furbo e visionario, come in tutte le cose, che di quest'attività ne ha fatto un lavoro a tutti gli effetti (penso ai food blogger o più semplicemente ai ristoranti/locali che in questo modo si possono far conoscere grazie al passaparola generato da condivisioni e recensioni) e chi una vera propaganda politica per dimostrarsi una persona "comune", proprio come qualsiasi altro cittadino (ogni riferimento non è certo casuale).

È capitato anche a me di farlo e non ci trovo niente di male: una pizza condivisa con gioia insieme agli amici, una merenda davanti al computer mentre lavoro, la prima colazione vista mare durante le tanto attese vacanze estive... Non è un'abitudine, ma lo ritengo una modalità per avvicinarmi al mio pubblico e coinvolgerlo, facendolo affacciare sulla mia quotidianità più semplice, rendendolo partecipe del mio mondo.

D'altronde, se non piaccio così come sono, al naturale e senza filtri (è proprio il caso di dirlo), tanto vale leggere qualcun altro nello sconfinato mondo della rete. Perché ostinarsi a seguire sui social qualcuno che non apprezziamo? Quale sadica motivazione spinge una persona a dar sempre e solo contro a un bersaglio umano, giusto perché si hanno le dita per scrivere?

Insomma, online mi comporto esattamente come mi sarei comportato dieci anni fa, quando la "visibilità social" non era ancora arrivata. Lo faccio perché nonostante i tanti traguardi e le belle soddisfazioni non mi sento affatto cambiato, né spero di farlo in futuro: resto un "bischero" come tanti, spesso mediocre e banale, con qualche pregio e una marea di difetti.

Per questo, nel bene e nel male, non mi censuro mai: nemmeno quando dovrei pensare un po' più attentamente, prima di cliccare "pubblica", al fatto che tante persone mi leggano e che quindi io abbia una certa responsabilità nello scegliere cosa comunicare. Questo perché non avrei mai immaginato che anche la foto di un panino sarebbe riuscita a creare polemiche...

Sì, esatto, uno lotta ogni giorno contro gli stereotipi, abbracciando le differenze e le minoranze, e poi si ritrova fregato da un toast ripieno di salsiccia e stracchino appena sfornato!

Tutto è successo quando ho pubblicato la foto della suddetta merenda su Facebook. Un modo per condividere un momento di pausa, appunto, e staccare la spina dagli impegni pubblicando un contenuto leggero. Quando a un certo punto appare il commento di una ragazza:

> Ciao Iacopo, fino a 10 minuti fa avevo il "mi piace" sulla tua pagina, poi mi sono sentita costretta, con dispiacere, a toglierlo, ti stimo per quello che fai, tantissimo, avete avuto un'idea magnifica con la vostra canzone ma...sono sempre stata convinta che chi soffre o abbia sofferto sia una persona più sensibile degli altri ma evidentemente non è così.... visto la tua merenda con salsiccia e stracchino. Davvero, volevo chiederti, perché nn riesci ad avere sensibilità pure per chi ha avuto la sfortuna di nascere in un allevamento, essere separato dalla mamma, sopravvivere (non vivere) in una gabbia, e poi morire tra atroci sofferenze? perchè Iacopo? meritano forse meno di noi gli animali?

Il panico!

Travolto da quelle domande tutte insieme, il cervello si mette a lavorare e i neuroni saltano sul tapis roulant piazzato nel mio cervello per iniziare a correre, la fronte si imperla di sudore freddo, il cuore aumenta il suo ritmo e l'ossigeno mi inizia a mancare. Poi, sbirciando il suo profilo, è arrivata l'illuminazione: il soprannome della tizia era "Vegan Warrior", guerriera vegana.

Ora, fermo restando che io rispetto ogni libertà di scelta individuale e difendo a penna tratta il diritto di ognuno ad autodeterminarsi, purché le sue azioni non danneggino gli altri, allo stesso modo ho sempre ignorato (così come sostenuto, all'occorrenza) le scelte alimentari di tutti.

Sia ben chiaro: rifiuto gli estremismi, di qualsiasi natura, perciò non vedo di buon occhio nemmeno i fanatici "culinari" (non me ne vogliate, ma ad esempio gli integralisti fruttariani proprio "non mi vanno giù", però oh, contenti loro contenti tutti quanti, ci mancherebbe...). Ma a parte questo, ho sempre rispettato i vegani così come i vegetariani (per quest'ultimi, in particolar modo, provo una sana invidia perché vorrei avere la forza per compiere la loro stessa scelta, convinto che sia la strada migliore da seguire per più motivi – convinzione mia e personale che non sto a spiegare adesso –, ma purtroppo non ci riesco per più motivi e necessità), l'importante è non dovermi sentire giudicato né tantomeno che mi venga imposta, ancor peggio sotto forma di evangelizzazione, una precisa idea o scelta.

Ma cosa ha portato una persona vegana a cambiare di colpo opinione su di me, arrivando addirittura a screditare tutto ciò che di buono avevo fatto fino a quel momento? È davvero bastata una merenda postata per rendermi automaticamente una bruttissima persona? E poi, a prescindere dalla gravità che ognuno di noi può dare al fatto che qualcuno mangi salsiccia e stracchino (che manco si fosse trattato di una pizza con sopra l'ananas), perché da me non ci si sarebbe dovuta aspettare un'alimentazione onnivora?

Non ho mai ucciso gli animali con le mie mani e rispetto l'ambiente trasmettendo messaggi positivi e promuovendo la sostenibilità (le magliette con le quali finanzio la mia Onlus, ad esempio, sono fatte al 100% di cotone biologico e vengono prodotte con energie rinnovabili per un 90% di emissioni in meno, utilizzando materiali riciclabili). Cerco di avere un'alimentazione etica (in famiglia abbiamo la fortuna di poter fare l'orto in giardino senza utilizzo di fertilizzanti, pesticidi o altro di chimico) e di tenere qualche gallina che possa vivere serenamente la propria vita, il più a lungo e dignitosamente possibile in spazi idonei, evitando così di ricorrere agli allevamenti intensivi) e di certo non mi ritengo superiore agli altri per questo, né ho mai criticato o fatto ironia su chi la pensa o si comporta diversamente da me.

La signora in questione, dunque, si riteneva migliore in quanto vegana? Oppure: una persona in carrozzina dev'essere per forza un Sant'Antonio Abate circondato da maiali? (Tra l'altro, nel mio giardino vive felice e vivrà serena fino a morte naturale Isabella, un porcellino nano vietnamita). Solo perché qualcuno ha mezzo milione di follower dev'essere percepito come un guru infallibile che Gandhi levati, a cui non è lecito fare passi storti (detto a me, poi...), come se la visibilità conquistata col duro lavoro sia una responsabilità e un dono che dev'essere meritato a ogni virgola scritta o pronunciata? Ma soprattutto, mi ci vedete fra centocinquant'anni raffigurato su un santino da appendere allo specchietto retrovisore delle auto o stampato sul culo di un camion?

Ditemi voi, perché io al momento ho solo due uniche certezze.

La prima riguarda il fatto che se mi spogliassi dei miei vestiti per rotolarmi nella neve in mezzo agli animali, proprio come un San Francesco da Cerreto Guidi, in meno di dodici ore sarei già morto di broncopolmonite. L'altra, invece, è che il toast salsiccia e stracchino gl'è parecchio ma parecchio bòno.

Quella volta che avrei dovuto ammettere la mia malattia

Per chi non lo sapesse, come racconto nel libro *Faccio salti altissimi*, sono disabile dalla nascita per una malattia genetica rarissima chiamata Sindrome di Escobar (sì, esatto, come il più famoso narcotrafficante della storia).

Ciò nonostante, il mio lavoro di sensibilizzazione mi porta spesso a ricordare a chi mi legge che "disabilità" e "malattia" sono due concetti distinti: un disabile può avere una malattia, ma può anche essere disabile e basta (magari a seguito di un incidente), così come un malato può diventare disabile ma anche no.

Le parole sono importanti, come diceva Nanni Moretti, e questo ho cercato di spiegare a Luigi Di Maio sotto a un suo post su Facebook dove, sicuramente in buona fede seppur con superficialità, definiva le "persone con disabilità" (termine corretto) come persone «affette da disabilità» (sbagliatissimo).

Ecco dunque la mia risposta senz'altro pungente, ma a parer mio non offensiva:

Ciao Gigi, volevo comunicarti che nel 2018 non si utilizza più l'espressione "persone AFFETTE da disabilità", bensì "persone CON disabilità": la disabilità non è una malattia contagiosa, ma una condizione di svantaggio dovuta a un contesto non inclusivo e quindi inaccessibile a causa di barriere architettoniche e sociali che, se rimosse, renderebbero invisibile anche la disabilità stessa (la malattia no, quella purtroppo non scompare, ma è un'altra cosa). Ricordatelo, Gigi, perché "le parole sono importanti" come diceva Nanni Moretti: vanno benissimo le buone intenzioni, ma le cose cambieranno davvero quando cambieremo il modo di chiamarle quelle cose, e così cambieremo anche il modo in cui le persone si approcciano a esse.

E così, magari, un giorno, avremo anche un Governo che non avrà bisogno dell'inutile – oltre che discriminatoria – figura del ministro delle Disabilità. Non siamo una specie protetta, non abbiamo bisogno di recinti. Servono "vite indipendenti" e futuri certi, quello che oggi ancora non abbiamo e che, di questo passo, continueremo a non avere per un bel po'.

Firmato un cittadino con disabilità, ma preferisco che mi chiami "Iacopo".

Mi pare evidente come il mio commento non abbia nulla a che vedere con le idee politiche soggettive, ma solo con un aspetto tecnico dal punto di vista comunicativo e socio-culturale. Quello scivolone "affetto da", infatti, lo correggo ovunque e a chiunque quando capita, e non mi sarei tirato indietro nemmeno se a sbagliare fosse stato Pippo Civati.

Il problema dunque non era chi fosse stato a sbagliare, ma il concetto trasmesso con quelle sue parole, alimentando una visione distorta e discriminatoria, nonché pietistica, della disabilità. Il fatto poi che a esprimersi in quel modo sia stato un ministro, non ha fatto altro che aggravare il peso di quello stereotipo dato che, in quanto rappresentante del popolo, dovrebbe dare il buon esempio comunicando in modo corretto anche come forma di educazione.

Peccato che il mio avergli fatto notare questo errore, seppur con una nota di sarcasmo (quel "Gigi" confidenziale in apertura non voleva essere una mancanza di rispetto, bensì un esempio provocatorio per far capire esattamente che le parole devono essere davvero misurate e scelte con cura, perché sono in grado di smuovere, indignare, mancare di rispetto e sminuire), abbia scatenato una lunga serie di attacchi più o meno forti da parte dei suoi sostenitori. Interventi che nella maggior parte dei casi non avevano niente a che vedere con il dibattito iniziale.

Ve ne riporto solo alcuni, buon divertimento!

Gianluca C.: «Ma falla finita se hai una malattia come tante persone la colpa non è di Di Maio ma della vita, qua volete tutti far del male a chi vi vuole aiutare fate pena, e non credere che gli altri non hanno qualcosa, anche io sto male ma non accuso nessuno, se sei jncazzato con la vita prenditela con quella non con lui....... fai pena».

Cristina F.: «Bravo Gianluca!!! Se è disabile vuol dire che è malato... sennò era sano!!».

Francesca A.: «Te la prendi col ministro per questo appellativo? La disabilità è una condizione anormale del corpo».

Riccardo P.: «Ma scopare no eh?!».

Maurizio M.: «E poi dici che non sei schierato politicamente».

Fabio B.: «Ha linkato un articolo che spiega quali parole dire e quali no a un disabile AHAHAHAHAHAHAHAH trovo la cosa clamorosamente divertente, come se fosse colpa mia che per sfiga è nato deforme».

Manteìo Ton Delfon (fake): «Immagino che interessante che sarà la routine di uno storpio. Viviamo un epoca di assurda ipocrisia dove non si possono dire le cose come stanno. La realtà è che il tizio è storpio, è malato, e ha una esistenza collaterale e assolutamente mediocre che nessuno di noi si augurerebbe. Perché dobbiamo fingere non sia così? Addirittura questo signore nelle sue categorie illusorie pensa di non essere neanche malato. Io odio profondamente l'ipocrisia, non riesco a tollerarla. Conta la verità. Le disgrazie succedono a tutti, se dovessero succedere a me mi adatterò. Di certo non andrò in giro come un demente a fingere di essere quello che non sono».

Sonia A.: «Signor Jacopo, prima accetta il suo problema, prima riuscira' ad affrontarlo come si deve. Lo deve guardare negli occhi e chiamarlo per nome. Se poi ha anche abbastanza fede, puo' sgridarlo e vincerlo nel nome di Gesu'. guardi in google, il film cristiano, storia vero, Fede come patate. E non dia retta a chi giudica. Sono malati di ignoranza che e’ inguaribile senza volonta’».

Marina P.: «No… ma lasciate perdere. Non sanno più cosa inventarsi quelli del PD. Ora è la volta di Iacopo Melio».

Stefano D.: «Non commentatelo è solo un’idiota 😂😂😂😂😂😂😂».

Armando P.: «Iacopo Melio la natura è già stata crudele con te, non aggiungo altro…».

A. D.: «Poi te lamenti che ce la prendiamocon gli anti-cappati.. Di certo tu nn ci dai una mano a cambiare, anzi, istighi proprio».

Anacleto A.: «Certi personaggi non li capisco. Ci si lamentava che non esisteva un ministero per disabili e affini. L’hanno creato non si è messo ancora all’opera e già ce un pirla che lo critica. Ha un problema fisico che gli comporta difficoltà nel muoversi ma questo è meno grave. Il problema più serio ce là nel cervello ed è assai più grave. Praticamente un pirla».

Luca De C.: «Che poraccio rosicone che sei ! Inutile commento senza capo ne coda !».

Rudi P.: «Iacopo Melio ci sono anche le persone affette da disabilità mentale, non solo fisica. Ma è veramente raro trovare qualcuno che sia affetto da entrambe le tipologie».

Gaetano B.: «A te piacciono quelli che i diritti te li negano e vai contro chi te li concede…».

Francesco L.: «Sarai disabile certo,ma soprattutto un gran co….e».

Vincenzo C.: «Iacopo a me pare proprio che sei un po' accanito. Per me sei affetto solo da quello: accanimento gratuito! Oppure è semplice mania di protagonismo? Forse la tua condizione ti consente di avere più attenzione? E lo sai. Quindi sei anche furbo. Non avrai l'uso delle gambe ma a quanto pare il cervello lo usi molto bene.. Furbetto!».

Antonio di R.: «… poverino … è disturbato mentalmente … lasciatelo vagare nella sua follia!».

Ale Z.: «Ma lasciatelo cianciare, poraccio. Non è che oltre alle chiacchiere possa far altro, eh? Ce l'han già fatto vedere i suoi predecessori. Blablabla e fatti 0».

Paola C.: «Iacopo Melio ironia zero, intelligenza sotto zero, attacco totale gratuito, senza senso e deplorevole giocare con le parole attribuendo cose che nn fanno parte della persona in questione. Quanto ci guadagni? Intanto ti ho tolto il like. Pensavo fossi corretto e sensibile. Pensavo».

Angelo Daniele R.: «Ma che te rode?».

Franz B.: «pesante… encomiabile la costanza con cui vi attaccate a tutto...».

Danilo M.: «Gia la vita si è espressa in malo modo con te in più scegli di esse anche comunista….e tesoro mio un po' ci metti del tuo però!!! Comunque per me l'handicap non esiste sei una persona come tutti quindi ti mando a fare in culo come gli altri Pdioti…».

Italo P.: «Sei affetto da imbecillismo forse ?».

Giuseppe T.: «A me viene il dubio che tu non sia nemmeno disabile… ma solo un politicante … 🤔🤔🤔 piddino direi… dalle argomentazioni che usi… cioè un giro di paroloni che non significano nulla… cercate ancora di nascondervi dietro… ideologie… mascherando la vostra natura falsa e priva di morale NON VI CREDE PIU' NESSUNO !!! Mi dispiace per te… ma sinceramente».

Annalisa R.: «Fattelo dire, sarai disabile, ma sei un imbecille allo stato puro, ringrazia a Dio che la manovra del popolo sia stata studiata anche x te, e ti conviene moderare i termini……non è questa la strada giusta x fare pietà, chiaro?».

Dante C.: «Quanto spazio per uno che è in collera con Dio e con sé stesso».

Roberto C.: «Dare la colpa agli altri per una propria disabilità è comodo, vero Iacopo? Magari sei pure rancoroso con chi ti sta intorno… Tieni a mente che non sei al centro del mondo, non lo è nessuno!».

Stelvio P.: «Penso che la tua disabilità sia tutta nella testa....poveraccio!!!».

Davide R.: «Iacopo hai problemi ben più seri».

Potrei andare avanti ancora e ancora. Dal mio commento, come potete notare, sono emerse tutte e dieci le categorie della "top 10" di questo libro, e lo hanno fatto in modo orgogliosamente spontaneo: merito della sicurezza che il sentirsi parte di un branco infonde, portando spesso a fare a gara a chi osa di più, alzando di volta in volta l'asticella dell'odio e dell'insulto.

Ma come ricordo spesso ai ragazzi quando vado a incontrarli nelle scuole, riportando le parole della poetessa bulgara Blaga Dimitrova:

Nessuna paura che mi calpestino,
Calpestata, l'erba diventa un sentiero.

Quella volta che Matteo Salvini ha detto una bischerata

Il fatto è molto semplice ed è collegato a una notizia di cronaca. Matteo Salvini, su Facebook, aveva scritto con tanto di caps lock per le parole chiave, con l'intento di indignare ancor di più i suoi adepti:

> IL KAMIKAZE che ha fatto 10 morti a Istanbul era un 27enne siriano, entrato come "PROFUGO", che aveva chiesto asilo politico. Intanto in Italia continua ad entrare chiunque...

Okay, lo ammetto, di fronte a una palese fake news sfruttata a tavolino per alimentare ulteriore odio e intolleranza non ci ho visto più. Così mi sono appellato con tutte le mie scarse forze alla libertà di espressione (ma soprattutto al diritto di verità) per commentare così, di getto:

> E intanto Lei continua a fare "sciacallaggio" su certi tristi avvenimenti, frutto della pazzia umana che può riguardare tutti indistintamente e non per forza derivanti dalla religione o dall'immigrazione… Pur di fare campagna elettorale. Facciamo uscire dall'Italia i delinquenti, ma anche i socialmente inutili, tipo i politici che anziché lavorare passano le ore sui social a fare terrorismo psicologico. Che dice?

Anche stavolta, apriti cielo!

I commenti dei membri del fan club di Matteo Salvini furono di una ferocia assurda, un fiume in piena di letame, tanto che i giornali di tutta Italia riportarono l'accaduto, smuovendo nei miei confronti la solidarietà di molti politici, noti giornalisti e persone dello spettacolo.

I leoni da tastiera in quell'episodio sfoderarono tutta la loro meschinità, senza la minima intenzione di replicare attraverso un dialogo costruttivo, bensì basando le loro argomentazioni su frasi come:

Cristina D.: «Sei un poveraccio, provo stima per il bullo che ti buca le ruote della sedia».

Valentina T. M.: «Signor Melio la trovo borioso, molto pieno di sé e strumentalizza la sua disabilità per sputare veleno su un ministro che sta facendo del suo meglio per aiutare i cittadini. Che triste persona!».

Bruno I.: «Spero tanto caro jacopo che quella gente entrino in casa tua e ti violentano le tue donne».

Se questi primi tre esempi sono un'escalation di hate speech, si seppe distinguere il commento di una persona in particolare, S. M., il cui nome non pubblico per intero perché dopo questa vicenda mi aveva letteralmente stalkerato e bullizzato sui social, diffamandomi finché la noia non gli ha fatto cambiare obiettivo.

S. M., che su Facebook si vanta di essere il marito «della donna più amata d'Italia» (ma purtroppo per lei è seguita soltanto da chi si diverte a prendere in giro la loro coppia, che effettivamente si è affermata come uno dei principali fenomeni trash del web in Italia), aveva scritto:

> jacopo, 10 morti, vuol dire 10 famiglie distrutte da un dolore che ti auguro che ti capiti alla tua famiglia,dovrebbero ammazzare i tuoi genitori volontariamente da un pazzo,e dopo vediamo se vieni ancora su facebook a farti pubblicita…e in vece di chiedere soldi alla gente,trovati un lavoro anche se sei storpio….Il signor Matteo Salvini non è un codardo,è uno con le palle.. i laureati fanno fatica a trovare lavoro,in vece a te ti fanno fare un finto giornalista x che gli fai pieta x che sei su una carrozzella. comunista di merda il signore doveva paralizzarti le mani e non le gambe.. Matteo Salvini sta cercando di eliminare questa gentaglia ma che va ammazzare gene senza motivo, ma a te non ti fanno niente. tu ti staifacendo pubblicita ,storpio.

Il commento, come dicevo, non è certo passato inosservato, tra errori grammaticali, offese e malauguri. Per questo è stato il primo a essere stato rilanciato dai giornali.

Dato che il "signore" in questione lo stava copia-incollando praticamente ovunque nella mia pagina, sotto a ogni post a portata di polpastrello, sono stato costretto a bloccarlo per evitare seri danni: uno dei pochi casi drastici di censura che io abbia effettuato.

Ciò comunque non è servito a placarlo. Ogni articolo uscito sui giornali veniva puntualmente condiviso dal buonuomo per vantarsi con frasi del tipo: «Sono finito su tutti i giornali! Evvai! Viva Salvini!!! Sono diventato famoso! Tutta Italia adesso mi conosce!».

Questo è stato un episodio singolo ma intenso, con strascichi durati più di una settimana (che per i tempi di Internet non è affatto poco). Il primo incontro con gli hater ad avermi realmente colpito, essendo quasi agli esordi del mio attivismo online.

Come vi dicevo, però, è grazie a S. M. che ho capito subito come certe persone siano incapaci di discutere mantenendosi sul piano del confronto politico in modo civile, sentendo la necessità di attaccare la persona, la sua vita privata e nel caso specifico anche la mia disabilità, come unici appigli per ferire in mancanza di contenuti concreti basati su idee e argomentazioni valide.

Era il 15 gennaio 2016. Da allora ne sono passati di post, commenti e attacchi più o meno affamati, più o meno violenti, ma anche più o meno motivati e più o meno giusti.

Ciò che però è rimasto costante è stata la voglia di continuare a portare avanti il mio lavoro, raccontando le storie degli altri che giorno dopo giorno si intrecciano alla mia, arricchendomi. Solo insieme, solo in questo modo possiamo sottolineare i diritti di chi viene relegato ai margini della società, all'ombra del più prepotente.

Ai ragazzi: i più giovani, i più fragili, i più insicuri, chiedo di non abbassare mai lo sguardo, di restare sempre forti delle proprie idee. Per ogni volta che la vita o qualche vigliacco vi farà cadere a terra con uno sgambetto, ci saranno almeno dieci, cento, mille mani pronte a tendersi verso di voi per aiutarvi a rimettervi in piedi.

Non siete soli. Non siamo soli.

E nessuno lo sarà mai.

Quella volta che mi hanno fatto una foto

Ore nove e mezza di mattina. Casa mia.

Arrivano due amici con un vassoio di pasticcini per fare merenda insieme.

Uno di questi scatta una foto a me e all'altro amico comune.

Siamo seduti accanto. Sorridiamo. Ci abbracciamo quasi, condividendo un momento piacevole fatto di chiacchiere, progetti e bignè alla crema.

Pubblico la foto sui social: un gesto spontaneo, naturale, sereno.

Che vi dicevo? Anche io ogni tanto condivido momenti di convivialità. Bocconi dolci di allegria e pace, che non fanno certo male a qualcuno.

Sette secondi, forse otto. Arriva il primo commento...

George S.: «E bravo Iacopo Melio. Che schifo di amici. Dimmi che amici hai e ti diro' chi sei. Un poretto. Non nelle gambe. Ma nella testa. Delusione totale. Pensavo avessi qualcosa da impararmi. Che delusione. Poretto te e poretto lui. Non è perché sei in carrozzella che non posso dirti che mi fai pena. La carrozzella è nella tua testa. Che tristezza».

L'amico accanto a me era Pippo Civati.
Sipario.
Applausi.

Il caso Greta Thunberg, la violenza oltre le idee

Il fatto che in questo libro abbia voluto affrontare il tema dell'odio online, in parte sdrammatizzando attraverso me stesso, facendo una classificazione dei miei hater con un minimo di analisi sociologica, non deve farci perdere di vista il focus di *Buonisti*.

Le persone, molte volte, non sanno dialogare. Questo è un dato di fatto che si manifesta anche fuori da Internet, che il tutto nasca da un fraintendimento, una parola storta o semplicemente un pensiero non condiviso. Non sappiamo ascoltare, figuriamoci comunicare ciò che non si è ascoltato.

Che io sia uno che voglia spesso avere l'ultima parola non l'ho mai nascosto (la mi' mamma avrebbe da lamentarsi non poco al riguardo!), anche se giustifico il mio comportamento come frutto di rispetto e ostinazione nei confronti delle idee – spero sane – che cerco di divulgare col mio lavoro. Ma quando alla base ci sono, appunto, concetti e contenuti (anche sbagliati, per carità, nessuno è infallibile tantomeno io), ritengo che questo possa ogni tanto essere giustificato, laddove non viene a mancare il rispetto per l'altra parte.

Il problema sorge quando un dibattito finisce col basarsi sul niente: non ci sono argomentazioni, non ci sono antitesi, confutazioni, frasi atte a smentire un ragionamento. Perciò si passa dal piano delle idee a quello strettamente personale. Ecco dunque che arrivano le offese dirette, intime, private.

Sarebbe stato troppo facile prendere come esempio Roberto Saviano, che ha fatto del giornalismo e del racconto soprattutto una denuncia alle mafie (con tutte le polemiche politico-ideologiche che questo ha comportato per lui, purtroppo), oppure Laura Boldrini, che oltre a essere una politica di sinistra, progressista e femminista, ha la "colpa" di essere una bella donna. Sì, perché essere donne e per di più mediamente considerate belle, oggi, è un peso. Come se l'estetica fosse un discrimine.

Non a caso tra i commenti di odio troviamo spesso chi definisce "brutte" le donne di sinistra e "belle" quelle di destra, sfoggiando un superficiale sessismo. Lo stesso che ha portato in passato Silvio Berlusconi a definire Rosy Bindi «più bella che intelligente», o Matteo Salvini a portare una bambola gonfiabile sul palco di un comizio paragonandola alla stessa Boldrini, allora presidente della Camera e quindi con un ruolo istituzionale molto più importante del suo.

Per questo ho scelto di parlare proprio di Greta Thunberg, una sedicenne che potrebbe essere nostra figlia, sorella, nipote: per dimostrare come, al di là della divergenza di pareri personali (legittima quando pacifica), sia facile scadere in un hate speech che va ben oltre la semplice opinione. Ben oltre l'umano. Un problema che, come vedremo, riguarda tutti: dai comuni cittadini alle personalità pubbliche, senza filtri o pudore.

La giovane attivista, ormai nota a tutti noi, ha raccolto una marea di consensi col suo movimento sicuramente nobile per il messaggio diffuso: una delle più efficaci azioni di sensibilizzazione mai esistite, avendo un respiro ormai mondiale. Purtroppo però, come potrete immaginare, una visibilità così estesa ha sollevato anche una quantità incalcolabile di polemiche, complottismi, dubbi e anche insulti di ogni tipo.

Se da un lato è sbagliato a prescindere scadere in questi deleteri meccanismi, figuratevi quanto lo sia farlo nei confronti di una ragazzina che andrebbe giudicata per ciò che fa e non certo per chi è nella sua sfera personale, sindrome di Aspeger compresa.

Ecco perché ho scelto Greta. Perché è l'esempio concreto di quanto in basso si sia arrivati negli attacchi, andando ben lontano dalle idee e dalle opinioni. D'altra parte, se è lecito un "non sono d'accordo perché...", è allo stesso modo condannabile un attacco che violi i diritti umani e la dignità di una persona che ha usato la stessa libertà di espressione (in questo caso però pacifica, ai danni di nessuno).

Per fortuna negli ultimi tempi stanno spuntando in rete appelli sempre più frequenti per una tutela e un controllo maggiori online, ricordando come "libertà di espressione" non significhi libertà di ingiuriare, diffamare, minacciare, denigrare senza freni.

Ve lo dico subito: la parte che segue è senza dubbio la più violenta del libro. Mi scuso in anticipo per le parole riportate senza censura, me ne vergogno io stesso, ma anche questo l'ho trovato drammaticamente necessario. Se non insegniamo ai nostri ragazzi cosa "non deve essere", senza edulcorazioni, non potremo a parer mio sperare in una società davvero consapevole e rispettosa. Prendere una posizione con cognizione di causa è necessario, adesso.

In alcuni gruppi di appassionati di automobili si attacca spesso Greta Thunberg. Un ragazzo, ad esempio, ha postato un fotomontaggio della ragazza che starebbe mettendo benzina a un distributore, con scritto: «Alla faccia dell'ambientalismo». Di vignette o meme di questo tipo ne troviamo a valanghe in pagine, gruppi o profili aperti su Facebook. Così ho raccolto un bel po' di commenti di questa caratura e, mettendoli in fila, ne è uscito un dialogo surreale. Per stomaci forti.

«Io ho un < marca di auto sportiva >, quando nascerà una Greta nera la cambierò.»

«Basta mettere una Greta bianca dietro lo scarico della macchina.»

«Apri la pompa della nafta!»

«Infilatela nel bagagliaio!»

«Greta, a me è rimasta un po' di benzina, aspetta che cerco un fiammifero.»

«Con quelle treccine da bimbaminchia me sembra un'apache!»

«Ci ha insegnato cose che sappiamo da 30 anni: è più inutile di un tergicristallo su un sottomarino, e con la faccia da schiaffi.»

«Minchia quanti pugni sul muso chiama 'sta faccia di merda, è proprio insopportabile...»

«Anche tu, bambina, prima o poi morirai... Segnatelo.»

«Fermi, fermi... Tralasciando il fatto che l'inquinamento è un problema che vale la pena combattere... Quella ragazzina ha la sindrome di Asperger, se andate a vedere chi ha questa patologia tende a fissarsi su un argomento e nel suo caso è la difesa dell'ambiente... Se la sindrome l'avesse portata a fissarsi sul punto croce non se la cagherebbe nessuno.»

«Pensa quelle che hanno la fissazione sul cazzo!»

«Ma infatti speriamo che scopra presto il cazzo così si fa delle belle scopate e non rompe più i coglioni.»

«Certo, quando scoprirà il pisello farà presto a dimenticarsi dell'ambiente.»

«Ma chi se la scopa questa qua??»

«Se fosse più grande e servisse a farla rilassare... eccomi!»

«Perché, ti piacciono le mongoloidi?»

«No, è solo che mi fa tanta pena, povera handicappata che non si rende conto che viene strumentalizzata.»

«Infatti non capisco come ci si possa far manipolare da quella stronza.»

«Ma sì, vedrai che scoprirà il cazzo prima o poi questa qua, e allora poi scriverà: "Cosa mi sono persa per star dietro all'ambiente!"»

«Ahahah, sì... e invece dei "giorni migliori", dirà: "Mi avete rubato i cazzi migliori!"»

«Falla diventare maggiorenne e poi me lo può pure succhiare.»

«Io le verrei in faccia.»

«Questa è acida a 16 anni figuriamoci a 30.»

«È un'indemoniata! È Satana! Povero chi se la sposerà un giorno!!»

«Faranno un film horror su quella bambina, io quando la vedo tremo!»

«Mi sa che rimarrà zitella a vita.»

«Che poi questa fottuta bagascia non può drogarsi come i suoi coetanei senza rompere il cazzo?»

«Magari con la fama arriverà anche la droga... a quel punto gli dovrebbe passare.»

«Vabeh capiamola, questa ha davanti a sé un futuro di merda: non potrà fare figli perché inquinano e non potrà usare i preservativi perché inquinano uguale!»

«Imparasse a succhiare cazzi allora anziché rompere i coglioni 'sta cretina.»

«Tanto io spero che prima o poi si ammazzi.»

[Segue nei commenti la pubblicazione di una foto di una ruota anteriore della propria auto con sotto, tra il pavimento e il copertone, la foto di Greta]

«Accelera e sgasa bene, mi raccomando!» commenta un altro.

Avrei potuto raccogliere escrementi ben peggiori, ma credo che sia abbastanza già così. Trovo inutile la pubblicazione di un libro contenente soltanto offese senza offrire spunti, riflessioni, contro-narrazioni per ricordarci tutti quanti di prendere le distanze da certe situazioni, e quando possibile relegarle all'angolo con la certezza che stando uniti, denunciando insieme, possiamo davvero farle sparire con il tempo.

Voglio però chiudere questa parte con un breve passaggio, evidenziando come l'hate speech si possa manifestare in forme forse meno dirette, ma aggravate dal fatto che la fonte sia una figura pubblica e ricopra un ruolo istituzionale. In questo caso, trovo che il peso sia moltiplicato dall'assunzione, magari, di una carica come quella politica o etica (penso in questo caso ai giornalisti, ad esempio).

Le dichiarazioni che seguono sono tutte pubbliche, riprese "tranquillamente" da giornali o social network, diventate motivo di acceso dibattito. È sconcertante pensare che un amministratore pubblico si ponga sullo stesso piano di una ragazzina, denigrandola per il suo aspetto fisico soltanto perché contrario alle sue idee. Sconcertante, ma grazie ai social anche questo è possibile.

Tweet:

«Quella "bimba" con le treccine che lotta per il cambio climatico, non so perché ma mi mette a disagio. Sembra un personaggio da film horror...»
(Rita Pavone, cantante)

Risposta al tweet:

«È un prodotto di laboratorio ben costruito come marketing ma come hardware inquietante. Hanno dimenticato di attivare la funzione sorriso ma per un certo populino buonistapreoccupista va bene... A presto il Nobel vedrete».

(Andrea Benveduti, assessore leghista Regione Liguria)

Radio2, *Un giorno da pecora*:

«Greta Thunberg? La metterei sotto con l'auto.»
(Maria Giovanna Maglie, giornalista)

Radio24, *La zanzara*:

«Ci ha rotto i coglioni. Ha una faccia di cazzo 'sta bambina che ogni volta che la vedo… Quella specie di mostriciattolo, ha ragione la Maglie, ti viene voglia di investirla.»

In una seconda diretta, sempre a Radio24, *La zanzara*:

«Provo fastidio fisico, a pelle. Oggi ho visto una foto e l'ho associata alla bambina dell'esorcista. C'ha 'sta faccia, 'sti occhi che ti fissano e ti dicono "Pentiti! Ti inseguirò!"»
(Filippo Facci, giornalista)

Tweet:

«La vocazione delle masse è da sempre quella di dare retta ai pazzi, meglio se criminali come Stalin e Hitler. Quindi non stupiamoci se oggi ha molto seguito una ragazzina goffa e ignorante come una capretta.»
(Vittorio Feltri, giornalista direttore di *Libero*)

Tweet con foto di una bambina nazista a sinistra e foto di Greta a destra:

«Le bambine, soprattutto quelle bionde con le trecce e le guance rosse, erano spesso utilizzate nella propaganda nazista.»
(Dinesh D'Souza, saggista di destra, sostenitore di Trump)

Storia di Instagram:

«Sono giorni che me la tengo dentro, mesi che mi tengo dentro questa cosa ma non ce la faccio più, sento che ve la devo dire: avete rotto er cazzo con questa Greta Thunberg, come se chiama! S'annasse a magnà 'na lattuga in una prateria e non rompesse er cazzo!»
(Gemitaiz, cantante)

Piazzapulita, Corrado Formigli chiede: «Ma non saresti contento di avere una figlia come Greta?»

Risposta:

«No, io no, Dio me ne scampi e liberi!»
(Alessandro Sallusti, giornalista direttore di *Il Giornale*)

Post Facebook:

«Viaggia in barca a vela come una star a sedici anni dicendo delle ovvietà imbarazzanti, finanziata da chi non si sa, per prendere a pesci in faccia le istituzioni. Più che l'infanzia ti hanno rubato l'educazione! Mi fossi atteggiato come te alla tua età, prima prendevo due sberloni da mamma e per finire un calcio nel sedere da papà.»

(Paolo Tiramani, deputato sindaco leghista di Borgosesia, provincia di Vercelli)

Tweet:

«Non vorrei essere accusato di pedofobia, ma io detesto la figura idolatrica di Greta, aborro le sue treccine e il modo falso e bugiardo che le si intreccia intorno. #nogreta»

(Giuliano Ferrara, giornalista)

Conferenza stampa:

«L'ambientalista Greta Thunberg è solo una bambina malata e sfruttata.»

(Gergely Gulyàs, vice del premier ungherese Orbán)

Post Facebook:

«Greta, sacerdotessa del clima che non ha nulla di scientifico.»

(Radio Maria, l'unica emittente radio che prende anche in galleria)

Fotomontaggio su Facebook. Foto di Greta con cartello che recita: «Tra poco scoprirò la minchia, e allora ciao a tutti».

Testo in descrizione del post: «E vedi de moverte».

(Marco Tricarico, consigliere comunale in quota Lega di Turriaco, Gorizia)

Come possiamo contrastare questa deriva escludente? Come possiamo, appunto, costruire quel "noi" che stimoli una partecipazione ostinata e contraria della società a tutto questo schifo diffuso in rete?

Intanto dovremmo iniziare a denunciare davvero, senza lasciar correre quando qualcuno ci offende, diffama o minaccia personalmente. E dovremmo insegnarlo soprattutto alle generazioni future, educandole già dai primi anni di scuola a un utilizzo corretto dei social e del web.

Nonostante molti genitori restino scettici, è bene ricordare che il mezzo non è mai una minaccia, semmai l'uso che si fa di certe potenzialità, sia dentro che fuori gli schermi. Il fatto che mia sorella di dodici anni utilizzi Instagram per restare in contatto con le sue amiche o per chiedere conferma sui compiti per casa, non avendo un cellulare proprio, non è un problema: il problema sorge quando il cellulare viene concesso al tavolo di un ristorante per far star buono un bimbo o, peggio, il bimbo viene parcheggiato davanti al computer per pomeriggi interi pur di non essere d'intralcio.

A parte questo piccolo sfogo a difesa di un mondo che mi ha permesso di lavorare e che difenderò sempre, sarebbe stato troppo presuntuoso salire in cattedra per dare lezioni con questo libro, magari analizzando le attuali regole giuridiche e proporne di nuove, che potessero offrire una contromisura efficace. Oppure ricordare le regole deontologiche come quelle previste dalla Carta di Roma per i giornalisti, che ad esempio ribadiscono quanto i titoli "acchiappa click" alimentino toni sensazionalistici che non giovano alla causa, con parole spesso sbagliate e per questo controproducenti.

Sarebbe stato noioso anche spiegare in che modo ad oggi la tecnologia ci viene incontro, dimostrando come algoritmi e sistemi di controllo automatici siano nella maggior parte dei casi ancora fallibili a fronte delle numerose segnalazioni degli utenti dei social network (si parla di circa sei milioni di segnalazioni al giorno su Facebook): così, da una parte si eliminano fotografie in costume per "sospetta nudità" o si bloccano utenti colpevoli di aver citato il testo di una canzone con qualche parolaccia, dall'altro proliferano e restano aperte pagine e profili che inneggiano spudoratamente al fascismo.

Tutto questo, indispensabile per tutelare le persone sul web, resterà comunque insufficiente finché non avverrà un cambiamento culturale dal basso, nella testa e negli atteggiamenti delle persone, oltre che nell'utilizzo quotidiano di certi strumenti. Cambiamento che non costa niente se non un impegno collettivo, e che potrebbe partire da subito, se solo lo volessimo.

Continuare a dividere in un noi/loro continuo, ad esempio, rimane il soffio migliore per tenere viva la brace dell'intolleranza. Ecco perché studiare, leggere, informarsi (anche sul web purché su siti autorevoli) resta uno dei migliori modi per smettere di alimentare ulteriore odio: ciò che impariamo a conoscere non ci spaventa più, ciò che continua a gridare "al lupo!" non è più credibile.

Occorre una presa di coscienza da parte di tutti, di buoni esempi, di semi gentili e contro-azioni pacifiche. Solo così coltiveremo una società che sappia abbracciare la diversità, anche di opinione, rispettando quelle libertà che non danneggiano gli altri ma, al massimo, arricchiscono. E allora il terreno sarà così fertile che l'aridità dell'odio non attecchirà più. Finalmente.

> Se si ammettono le parole dell'odio nel contesto pubblico, se si accoglie lo hate speech nelle ritualità del quotidiano, si legittimano rapporti imbarbariti. Io l'odio l'ho visto. L'ho sofferto. E so dove può portare. Per questo vado a parlare con gli studenti. Gli racconto un passato figlio dell'odio e del rancore disumano e loro mi ascoltano con un'attenzione di cui non smetto di essergli grata.

Liliana Segre, una Donna che in un Paese civile sarebbe dovuta essere protetta da tutti i cittadini, a 89 anni ha ricevuto l'assegnazione della scorta per le continue minacce antisemite. Anche per lei dobbiamo costruire un domani più umano.

FAQ cattivisti

Come abbiamo più volte detto riguardo all'hate speech, ogni giorno l'odio online ha tra i suoi principali canali di diffusione quello delle fake news. E da queste, se non si hanno i giusti strumenti e le dovute conoscenze, ci possiamo difendere poco.

Nonostante l'87% degli italiani sostenga che i social network non siano più in grado di offrire notizie credibili e sicure, l'82% dei cittadini non è tutt'oggi in grado di riconoscere una bufala rispetto alle reali informazioni.

Così, un po' per pura e semplice ignoranza personale e un po' per malafede, l'hater medio è solito sfruttare luoghi comuni e pregiudizi per fare leva sulla sensibilità delle persone, sempre più stanche e lasciate a loro stesse dalle istituzioni, innescando vere e proprie guerre tra poveri. Ma la stanchezza e l'abbandono non possono e non dovranno mai essere una scusa per giustificare la violenza verbale e fisica. L'ignoranza non dovrà mai divenire un lasciapassare per la cattiveria.

Sono proprio i dati diffusi dall'ODIHR-OSCE a dirci come i crimini generati dall'odio, basati per lo più su razzismo e xenofobia, siano raddoppiati dal 2013 al 2016, confermando la correlazione tra l'aumento di hate speech online e le violenze più concrete: basti pensare che il 35% degli italiani pensa ancora che gli immigrati ci rubino il lavoro, mentre il 56% pensa che la loro presenza porti degrado nei quartieri cittadini.

Dunque, anziché educare gli altri al rispetto e alla tolleranza, e anziché puntare al valore della cooperazione provando a stimolare empatia, gli odiatori di Internet (ma anche fuori dalla rete, con commenti da bar) mirano ad ampliare sempre più il divario tra "chi ha bisogno", utilizzando nella maggior parte dei casi i migranti come capro espiatorio. L'obiettivo primario diventa quindi manipolare, legittimare, avere consensi e, per assurdo, credibilità. Il tutto, giocando con la pelle dei più vulnerabili.

È proprio il linguaggio usato dai media a influenzare l'agenda politica e il peso dato al tema immigrazione, che viene oggi percepito come fonte di ansia e preoccupazione. Parole e toni allarmistici, slogan aggressivi e immagini di emarginazione e degrado danno l'idea di un fenomeno incontrollabile, alimentando chiusura e repulsione. Ed è in questo clima che il "cattivista doc" trova terreno fertile.

Secondo l'Associazione Carta di Roma, nel 2017 sono state ben 3.713 le notizie sull'immigrazione mandate in onda in dieci mesi dai TG analizzati (con un aumento del 26% rispetto all'anno precedente), per una media di dodici al giorno. Fortunatamente, l'hate speech in rete ha prodotto anche una contro-narrazione di risposta, spesso ironica e sarcastica da parte delle vittime (un po' come cerco di fare io ribaltando gli attacchi dei miei odiatori o come fa ogni giorno Enrico Mentana, sulla sua pagina personale, "blastando" – gergo grazie a lui diffuso – i suoi detrattori) o di denuncia da parte di quei cittadini che sono testimoni diretti di aggressioni. In questo caso, la viralità dei contenuti di risposta riesce a sortire una specie di "sanzione sociale" che finisce col marchiare chi ha commesso l'atto di violenza, verbale o fisica che sia.

Per questo motivo ho pensato fosse giusto concludere questo libro con un'ultima parte dedicata all'immigrazione, realizzando una sorta di "FAQ" (frequently asked questions) dei cattivisti: risposte chiare e precise, statisticamente dimostrate, alle domande e ai luoghi comuni più frequenti di chi non solo è contrario all'accoglienza, ma per di più la utilizza per avanzare le proprie idee di disumanità.

Grazie al Centro Studi e Ricerche IDOS che si è reso disponibile ad aiutarmi, posso smontare con dati e percentuali alla mano le dicerie più comuni sull'immigrazione affinché ognuno di noi possa tenere bene a mente che il nemico, quello vero, non proviene da così lontano come qualcuno vorrebbe farci credere. I numeri utilizzati nello specifico riguardano il Dossier Statistico del 2018, perciò con riferimenti all'anno 2017 che, comunque, non sono variati di molto negli ultimi mesi.

Ecco dunque che *Buonisti* può adesso chiudere il cerchio: siamo partiti da un tragicomico glossario per imparare la lingua di chi ogni giorno sceglie di demolire anziché costruire; ho creato una simpatica classificazione dei miei hater per dimostrare come, alla fine dei "giochi", l'odio più profondo non cambia mai ed è trasversale per tutti, ovunque; ho raccontato episodi personali che mi sono rimasti particolarmente impressi per sottolineare come basti poco per innescare una vera e propria *shit storm*; e infine, grazie a dei professionisti che maneggiano numeri, grafici e statistiche ogni giorno, ho scelto di ribadire un pezzettino minuscolo di una grande verità che non viene raccontata abbastanza e che invece potrebbe, chissà, aiutarci a comprendere molto di più.

Il dialogo surreale qui di seguito nasce con la speranza di prevenire ulteriore merda, concedetemelo, nel mare del web, puntando al dialogo e alla tolleranza e spegnendo quando possibile le discussioni più accese.

L'ho trovato un passo necessario, direi dovuto. Per il mio amico Bamba che spero si diplomi il prossimo Giugno e smetta di vendere braccialetti in spiaggia, camminando chilometri sulla sabbia rovente della Maremma; per Shumi che mi ha strappato un mare di sorrisi anche se ha lo sguardo malinconico quando parla di casa; per "Marco" che ci siamo detti tanto anche senza dirci molto; per Laye che spero possa ritornare presto nel mio Paese e per N'Faly che nel mio Paese sta lottando per restare; per Ostin che dovrebbe smettere di chiedere l'elemosina in stazione.

Anche per loro, e chissà quanti altri, quando vi capiterà sotto gli occhi o gli orecchi una frase di odio, di quelle meno esplicite e più subdole, che portano con sé manipolazione e indottrinamento: tirate fuori questo libretto o consultate il sito di IDOS. Abbiamo bisogno di tanti Buonisti, ancora, dalla parte di chi resiste per esistere.

«È libero?»

«Prego.»

«Grazie.»

«Si figuri.»

«Aspetto il 22.»

«Anche io…»

«Oh, bene! Fa caldo oggi, eh?»

«Già.»

«Se non mi sedevo un po' finiva che svenivo…»

Dall'altro lato della strada un ragazzo sui trent'anni è seduto su una panchina. Di fianco a sé ha appoggiato uno zainetto di stoffa mangiucchiato dal tempo, come i suoi jeans strappati alle ginocchia. Il capo basso, le gambe appena divaricate, sta scrivendo con una matita su un taccuino. Le macchine scorrono veloci davanti a lui.

«Certo che siamo proprio invasi…»

«Come?»

«Dico, questi ragazzi... Sono ormai troppi. Non c'è posto per noi, figuriamoci per loro.»

«Veramente negli ultimi quattro anni la presenza di stranieri è rimasta pressoché invariata in Italia, sia nel numero che nell'incidenza sulla popolazione complessiva.»

«In che senso?»

«Nel senso che non si parla di alcuna "invasione". A fine 2017 i cittadini stranieri regolarmente presenti in Italia erano 5.144.000, per un'incidenza dell'8,5% sulla popolazione totale (8,3% nel 2016). I soggiornanti non comunitari erano 3.715.000, cioè -1.700 rispetto al 2016 (questo è dovuto anche alla consistente diminuzione delle persone sbarcate: 119mila, ovvero 62mila in meno rispetto all'anno precedente). Circa 2 su 3 (2.390.000) hanno un permesso di soggiorno illimitato grazie proprio alla stabilità consolidata.»

«Sì, vabeh, ma comunque sbarcano tutti da noi. Ci sono anche altri porti, perché non li scaricano in Grecia o in Spagna?»

«Infatti anche in Grecia e Spagna ne sono sbarcati a migliaia, non solo nel 2017, quando in Italia sono diminuiti di un terzo, da 181mila a 119mila, ma anche nel 2018, quando gli arrivi in Italia sono crollati dell'80% arrivando a poco più di 23mila, un numero molto più basso di quello della Spagna (34mila) e di poco più alto di quello della Grecia (22mila); per non parlare del 2019, quando a fine settembre in Italia ne erano sbarcati solo 7.700, in Grecia 39mila (5 volte di più) e in Spagna 19mila (2 volte e mezza di più). Chi soccorre persone in mare è obbligato a portarli nel porto sicuro più vicino. E per chi parte dalla Libia o dalla Tunisia, dopo Malta (uno Stato piccolissimo, che già ne ha accolti molti rispetto alla sua popolazione), l'Italia è indubbiamente il Paese sicuro più vicino.»

«Resta il fatto che l'Europa è assente. Perché non se li prendono anche gli altri Paesi? Perché sono furbi, ecco perché! Mica come noi...»

«Molti altri Paesi europei accolgono profughi e richiedenti asilo, l'Italia non è né l'unica né quella che ne accoglie di più. In Germania, ad esempio, gli stranieri sono 9,7 milioni in tutto e di questi i rifugiati sono 1,1 milioni e i richiedenti asilo 340mila. In Italia i rifugiati e richiedenti asilo ospitati nei centri di accoglienza erano appena 187mila a fine 2017, sono poi diminuiti a 136mila a fine 2018 e poi sono calati ancora a 109mila a settembre 2019. Il Regolamento di Dublino, che anche l'Italia aveva firmato prima che toccasse a lei affrontare direttamente flussi di migranti diretti in Europa, prevede ingiustamente che il Paese di primo arrivo trattenga al suo interno i migranti e si occupi da solo delle pratiche di asilo. Nel 2017 il Parlamento europeo, formato dai rappresentanti dei popoli (questo è importante), ha votato una riforma che prevedeva la ripartizione dei migranti tra tutti i Paesi membri, ma poi nel 2018 il Consiglio europeo, che è formato da rappresentanti dei Governi, l'ha bocciata, per cui ora si possono ripartire solo se anche altri Stati si offrono volontariamente di accoglierne una parte, senza possibilità di obbligarli. La cosa grave è che l'Italia è stata assente in moltissime riunioni nelle quali, in Europa, si è discusso di questi temi.»

«Ma se siamo pieni di Africani??? Guardi là! Toh!»

Il ragazzo sui trent'anni, a testa bassa, continua a scrivere sul suo taccuino.

«Ora, "pieni"... I residenti stranieri sono originari di quasi 200 diversi Paesi: per la metà (2,6 milioni) sono cittadini di un Paese europeo (tra i quali 1,6 milioni sono comunitari, che quindi sono 3 stranieri su 10), mentre soltanto un quinto (1 milione) viene dall'Africa, e una parte di poco inferiore dall'Asia. Gli americani invece sono circa 370mila e rappresentano il 7,2%. Nello specifico, il 50,1% dell'intera presenza europea è data dai romeni che rappresentano il 23% di tutti gli stranieri; poi vengono gli albanesi con l'8,6%, i marocchini per l'8,1% e infine cinesi con il 5,7% e gli ucraini per il 4,6%. Quindi no, gli africani non sono affatto la maggioranza degli stranieri in Italia.»

«Beh, saranno la maggioranza nel mondo... Sono ovunque, 'sti negri!»

«Solo un migrante ogni sette è africano, due su cinque sono asiatici e uno su quattro è europeo. A livello numerico, per quanto riguarda la situazione mondiale, sono 102 milioni gli emigrati asiatici, 65 milioni quelli europei, 42 milioni i sudamericani e 36 milioni gli africani, infine 2 milioni gli oceanici.»

«Ma che in Italia ci siano più stranieri che negli altri Paesi è ormai un dato di fatto.»

«In realtà il maggior numero di stranieri è presente in grandi Paesi come ad esempio la Germania (9,2 milioni a inizio 2017), che poi è l'unico grande Paese europeo con una percentuale di popolazione straniera residente superiore alla media Ue (che è circa il 7,5%). Anche il Regno Unito con 6,1 milioni di cittadini stranieri ne ha più di noi, che ne abbiamo 5 milioni. Seguono poi Francia (4,6) e Spagna (4,4). Questi cinque Paesi ospitano da soli il 76% degli stranieri residenti in Europa. In termini relativi, però, il primato resta a Paesi più piccoli come Lussemburgo (dove gli stranieri sono il 47,6% della popolazione), Cipro (16,4% di cittadini stranieri), Austria (15,2%), Belgio (11,9%) e Irlanda (11,8%).»

«Vorrebbe dire che l'immigrazione non è un problema?»

Scatta il rosso. Il ragazzo sui trent'anni si alza in piedi. In pochi secondi si forma una colonna di auto e il ragazzo scompare per un po' dalla loro vista.

«Di sicuro c'è una percezione molto distorta da media e social che amplificano messaggi populisti e xenofobi in tutta Europa. Se ai cittadini europei viene chiesto quali siano i loro principali problemi personali, troviamo ai primi posti economia e welfare: costo della vita (29%), salute e sicurezza sociale (18%) e pensioni (16%). Il problema "immigrazione" viene citato solo dal 6% dei cittadini europei, mentre se chiediamo quali siano i due problemi maggiori per il proprio Paese, allora il tema "immigrazione" viene menzionato dal 21% dei cittadini (disoccupazione dal 25% e welfare dal 23%). Se però viene chiesto quali siano i principali problemi dell'Ue, allora la questione immigrazione balza al primo posto, venendo citata dal 35% degli intervistati (solo dopo troviamo terrorismo al 29% e situazione economica per il 18%): questo significa che l'allarme creato è molto generale e non reale e personale, prescindendo quindi dai veri flussi migratori. In sostanza, di immigrazione si parla troppo e sicuramente male.»

«Dunque che vogliamo fare, prenderne altri a rubarci il lavoro senza avere competenze?»

«Da anni, ormai, anche questa credenza è stata smentita: nel 2017 sono stati 2.423.000 i lavoratori stranieri (pari al 10,5% di tutti gli occupati in Italia) e due terzi di questi hanno svolto professioni poco qualificate (1/3 degli addetti) o operaie (1/8 degli operai), tant'è che un terzo dei lavoratori stranieri è "sovraistruito" rispetto ai lavoratori italiani (34,7% contro il 23,0%).»

«Ancora peggio! Non c'è lavoro nemmeno per i nostri ragazzi, eppure lo diamo a loro...»

«Il 71% dei collaboratori domestici e il 43,2% delle badanti sono stranieri, così come il 50% circa dei venditori ambulanti e 1/3 dei facchini, ma anche il 18,5% degli addetti alle pulizie o dei camerieri in alberghi e ristoranti. Sono infine stranieri 1/6 dei manovali edili e degli agricoltori. Si tratta di impieghi che gli italiani volutamente scartano in quanto poco piacevoli, stagionali o sottopagati (e, in molti casi, in nero o grigio, alimentando sfruttamento).»

Scatta il verde. Quando il ragazzo riappare, liberata la strada, è di nuovo seduto sulla panchina. Ha sostituito matita e taccuino con un paio di auricolari collegati al cellulare, appoggiato sulla gamba sinistra. La testa reclinata indietro, verso lo schienale, e gli occhi socchiusi. Forse dorme.

«Ma quale sfruttamento! Questi vengono in Italia non certo per guadagnare centesimi!»

«Ebbene, un dipendente italiano guadagna mediamente il 25,5% in più rispetto a uno straniero (1.381 euro mensili contro i 1.029 euro). Allo stesso modo, le donne straniere guadagnano il 25,4% in meno degli uomini stranieri.»

«Perciò quale prospettiva pensano di trovare da noi, dato che non ci sono opportunità?»

«La voglia di riscatto e la loro posizione di subordinazione porta spesso i cittadini stranieri a uscire dalla condizione di lavoratore dipendente: in Italia sono quasi 590mila le imprese guidate da immigrati (il 9,6% del totale) che non hanno arrestato la loro crescita nemmeno negli anni della crisi economica. Buona parte di queste aziende riesce a dare lavoro anche a cittadini italiani.»

«Ah, le famose "risorse"! Come no, credeteci pure! Intanto questi ci costano e basta.»

«Beh, il saldo tra entrate (7,3 miliardi nel 2016) e uscite di spesa (4,3 miliardi nello stesso anno) imputabili all'immigrazione è positivo, arrivando a +3 miliardi di euro per le casse del nostro Stato. Perciò, se proprio non volessimo interessarci al lato umano e volessimo fare i cattivi, resterebbe comunque da considerare l'aspetto economico: l'immigrazione è un guadagno. La spesa per l'accoglienza, quando ben gestita, è in grado di dare ai migranti strumenti come formazione e lavoro per guadagnare autonomamente. Nonostante il lavoro può essere oggi percepito come un bene scarso, e quindi da contendersi con gli immigrati che ce lo "ruberebbero", a ogni nuovo posto di lavoro creato aumentano opportunità anche per gli altri. Infine, se consideriamo la progressiva diminuzione della popolazione in età lavorativa e la necessità di garantire servizi fondamentali (come l'assistenza agli anziani), possiamo dire che in futuro sarà impossibile fare a meno della forza lavoro immigrata, in grado di portare costanti benefici a livello economico oltre che consumi e nuovi guadagni e investimenti.»

«Tanto non si integreranno mai davvero, è inutile.»

Un bambino, camminando sul marciapiede dietro alla mamma, nota il ragazzo sui trent'anni seduto sulla panchina che sembra svegliarsi, alzando la testa. I due si guardano, il bimbo rallenta passandogli vicino, si scambiano un sorriso, la mamma qualche metro più in là lo richiama immediatamente, il bimbo si volta in avanti e accelera per raggiungerla di nuovo. E scompare dietro l'angolo. Il ragazzo torna a chiudere gli occhi, testa indietro.

«Nelle scuole italiane gli alunni stranieri (826mila per l'anno scolastico 2016/17) sono stati il 9,4%, ma 6 su 10 (503mila) sono nati in Italia pur non essendo cittadini italiani: secondo il Dossier Statistico sono poco meno di 1,3 milioni gli stranieri nati nel Paese e circa 1,5 milioni gli italiani di origine straniera, ovvero che hanno acquisito la cittadinanza.»

«Comunque i più che non lavorano finiscono col delinquere. Ci bastano i nostri di criminali!»

«Non proprio, visto che tra il 2006 e il 2016 le denunce contro stranieri, residenti e non, sono diminuite dello 0,9% nonostante gli stranieri residenti siano passati da 2.938.922 a 5.047.028 (+72,3%). Al tempo stesso, se nel 2003 su ogni cento stranieri residenti in media 1,16 finiva in carcere, oggi vi finisce lo 0,39. È chiaro come l'aumento di immigrazione non sia connesso all'incremento di criminalità: se uno straniero ha difficoltà a integrarsi può essere, purtroppo, indotto a delinquere, ma se una collettività straniera prende sempre più parte all'economia e alla società italiana, allora diminuisce il numero di detenuti al proprio interno. Tra l'altro, se vogliamo dirla tutta, nello stesso periodo le denunce contro italiani sono passate da 522.810 a 632.498 (+9,5%).»

«Quindi i razzisti saremmo noi???»

«Per quanto riguarda discriminazione e integrazione, gli immigrati, che per quasi 2/3 vivono in affitto, hanno tutt'oggi accesso limitato al mercato immobiliare (anche per le poche possibilità di stipulare un mutuo, oltre che per le discriminazioni da parte dei locatori). Anche sul web sono aumentati i discorsi d'odio razzista, in particolare verso un'ipotetica onnipresenza di musulmani che, in realtà, rappresentano il 32,7% del totale degli stranieri (a fronte del 52,6% costituito da cristiani, di cui 1,5 milioni sono ortodossi e 900mila sono cattolici).»

«Non diciamo fesserie, i veri razzisti siete voi anti-italiani di sinistra!»

«Eh, insomma, mica tanto... Ad esempio Amnesty International ha monitorato le campagne elettorali dei candidati alle elezioni politiche e regionali del 2018 e ha confermato che i discorsi discriminatori, razzisti e offensivi sono provenuti in quell'occasione al 50% dalla Lega Nord, al 27% da Fratelli d'Italia e al 18% da Forza Italia: dichiarazioni politiche basate su stereotipi, discriminazioni soprattutto razziste e incitazioni alla violenza. Il dato allarmante è che con l'odio, ad oggi, si vince: il 91% dell'hate speech proviene da quei partiti di centrodestra che hanno preso più voti alle elezioni (più della metà dal partito di Matteo Salvini).»

«È normale che uno sia arrabbiato: questi mica scappano da guerra o povertà! Ma li vede?! Sono tutti muscolosi e in perfetta salute!»

Il ragazzo sui trent'anni si era alzato di nuovo in piedi. Giusto il tempo di togliersi la felpa e restare con una t-shirt aderente di colore grigio scuro. Il sole inizia ad essere alto, l'aria si fa più calda. Il ragazzo si rimette seduto e sistema la maglia dentro lo zaino accanto, dopo averla ripiegata.

«Quando in un Paese c'è guerra, fame e povertà, spesso non può partire la famiglia intera, né un intero villaggio, e allora, nelle famiglie e nei villaggi, si scelgono le persone più giovani e forti da mandare via, perché offrono maggiori garanzie di resistere alle fatiche del viaggio e, quando giungono, di poter subito lavorare, anche in lavori pesanti, per inviare quanto prima soldi a casa, per far sopravvivere tutta la comunità. Quindi è vero che partono quelli più robusti e in salute; è quello che accadeva anche quando a emigrare all'estero erano gli italiani: partivano i più giovani e forti. Il guaio è che, se non muoiono prima mentre attraversano il deserto e il mare, quasi sicuramente si ammalano durante il viaggio per le condizioni in cui sono costretti a farlo (senza parlare delle violenze e torture che subiscono in Libia), oppure dopo che sono arrivati in Italia, per le condizioni di sfruttamento, di pesantezza e di pericolosità in cui gli italiani li costringono spesso a lavorare.»

«Voi "buonisti" volete dirci che sono davvero poveri? Danno migliaia di euro agli scafisti, hanno cellulari di ultima generazione e gioielli preziosi, collane e braccialetti d'oro. Suvvia, svegliatevi! Io le ho viste le foto degli sbarchi, sa? Su Internet, basta cercare…»

«Come le ho detto prima, chi è troppo povero per affrontare le spese del viaggio non può permettersi di partire. Come succedeva anche per tanti italiani nel Novecento: avrebbero voluto emigrare ma la guerra e la povertà impediva loro di farlo. Ma chi parte spesso lo fa con i soldi risparmiati in tanti anni e con tanti sacrifici, dall'intera famiglia di appartenenza o anche da un intero villaggio o cerchia di parenti e amici. Questi soldi servono appunto per pagare i trafficanti e gli scafisti affinché, con i loro mezzi, li possano trasportare per fare il viaggio. E per chi parte è importante avere con sé qualche bene di valore, per eventuali urgenze finanziarie, e spendere una parte dei soldi anche per procurarsi un cellulare che, in un viaggio che comprende l'attraversamento di Paesi stranieri, del deserto e del mare, è l'unico mezzo che permette di mantenere un contatto con la famiglia d'origine e con i parenti. Anche quando si fa un piccolo viaggio: chi non pensa per prima cosa di portarsi il cellulare, per avvisare le persone più care che tutto sta andando bene o degli eventuali problemi che sta affrontando?»

Il ragazzo sui trent'anni, solo col suo zainetto, tamburella con la mano libera il ritmo di chissà quale canzone sulla gamba. Con l'altra mano tiene saldo il proprio smartphone. Gli occhi immaginano cose lontane.

«Ma con quello che spendono per venire con i barconi, perché non prendono regolarmente un aereo, come tutti?»

«Magari potessero farlo! Sarebbe molto più economico e sicuro per loro, e molto più garantito per noi. Ma purtroppo da molti Paesi poveri, o in guerra, o sotto dittature, spesso non c'è possibilità di uscire legalmente dal Paese e non esistono collegamenti aerei né ferrovie, se non a chilometri di distanza o in Paesi limitrofi, e l'unico modo per spostarsi è di affidarsi a trafficanti che, con macchine, camion e automezzi, in maniera clandestina (ma facendosi pagare profumatamente) organizzano gli spostamenti.»

«Basterebbe aiutarli a casa loro e tutto questo non sarebbe necessario. Non è colpa nostra se scappano da fame e guerre...»

«Al momento non è possibile. Per farlo dovremmo prima modificare drasticamente lo stile di vita europeo e i rapporti che abbiamo con l'Africa. Siamo noi a sfruttare le loro risorse peggiorando la già precaria situazione socio-economica africana: le guerre nascono spesso per il controllo delle risorse di cui l'Africa è ricca, ad esempio, costringendo così milioni di persone a scappare. Conosce il Centro Studi e Ricerche IDOS? I risultati del suo Dossier

Statistico ci ricordano che non esiste un "noi" e un "loro", in quanto gli sbarchi nel Mediterraneo e le morti in mare sono il risultato di una politica che ha come obiettivo il profitto e non il benessere delle persone, sfruttando dunque uomini, ambiente e risorse.»

«Sono lo stesso troppi, ci siamo rotti le palle, basta!»

L'apparente dormiveglia del ragazzo sui trent'anni viene interrotto dalla vibrazione del suo telefono. Così si toglie gli auricolari e dopo uno sguardo rapido allo schermo se lo porta all'orecchio, girando la testa intorno incuriosito. Sorride.

«Attenzione, perché "basta" potrebbero dirlo anche gli altri Paesi. La presenza di italiani all'estero infatti ha ormai raggiunto quella degli stranieri in Italia (5.111.469 e 5.144.440 sempre a fine 2017). Il numero di italiani all'estero è aumentato del 2,8% (140.527 in più) rispetto al 2016. Tra l'altro, gli iscritti all'Aire per nascita all'estero sono stati 87.869, mentre i figli di genitori stranieri registrati in Italia sono stati 67.933. Questo incide sul sempre più consistente numero di italiani all'estero di seconda e successive generazioni (2.018.180), che è quasi il doppio degli stranieri nati in Italia (circa 1,5 milioni).»

«Ma noi le culture degli altri le rispettiamo, a casa di altri. Qui fra qualche anno saremo circondati da moschee...»

«Ehm, ne è sicuro? All'inizio del 2018 la maggioranza dei residenti stranieri in Italia (5.141.000) è cristiana

(52,6% del totale) e appena 1/3 musulmano (32,7%). Inoltre, contro ogni pregiudizio, 3 musulmani su 10 (28,9%) sono europei (quasi del tutto provenienti dall'area balcanica e centro-orientale come albanesi, moldavi e kosovari) mentre per la metà africani (52,7%) e per 1/5 asiatici (soprattutto bangladesi e pakistani). Non dimentichiamo infine che un residente straniero ogni 20 è agnostico o ateo (pari a circa 242mila persone): ed è proprio questa fetta di popolazione a falsare l'idea che essere immigrati significhi essere integralisti religiosi (musulmani) e quindi potenziali pericoli per la sicurezza nazionale.»

«Cristiani o musulmani che siano, dobbiamo comunque mantenerli con i nostri soldi? Non è giusto! Vorrei pagare le tasse per altri servizi, compreso garantire le nostre pensioni, non per coprire i loro costi esorbitanti.»

«A proposito di pensioni… Non vorrei dirglielo ma gli stranieri che lavorano regolarmente in Italia, che sono circa 2,4 milioni e rappresentano un decimo di tutti i lavoratori occupati nel Paese, versano nel complesso 11,9 miliardi di contributi previdenziali, che servono a pagare oltre 600mila pensioni di italiani. E non è l'unico beneficio finanziario che gli stranieri assicurano alla casse dello Stato: infatti, sommando ai contributi previdenziali anche le tasse che pagano con la dichiarazione dei redditi, i soldi necessari al rilascio e al rinnovo dei permessi di soggiorno, quelli per le pratiche dell'acquisizione della cittadinanza e altre imposte, la popolazione straniera fa introitare in tutto 19,2 miliardi di euro, una cifra superiore di almeno 1,7 miliardi a quanto invece lo Stato paga per loro in servizi, assistenza e così via. Quindi, tutto sommato, non ci costano troppo, e lo Stato ci guadagna. Ma questo pensavo di averglielo già detto, o forse...»

Una ragazza con una nuvola di ricci morbidi e rossi, in contrasto con la pelle bianchissima, al telefono, si avvicina da dietro alla panchina sulla quale è seduto il ragazzo sui trent'anni. Si guarda un po' intorno, poi all'improvviso rallenta. Sorride. E riprende a camminare in avanti.

«Bla bla bla... Da che è mondo è mondo succede anche agli italiani: siamo sottopagati, sfruttati e strozzati dalle tasse salate! Se proprio vogliono venire devono adeguarsi partendo dal basso.»

«Si sa che gli immigrati fanno soprattutto i lavori più pesanti, esposti agli infortuni e poco riconosciuti socialmente, come i facchini, i domestici, i camerieri, i manovali, i braccianti, i trasportatori, e così via. Sono tutti lavori anche precari, con contratti alla giornata o di breve periodo, e sottopagati, anche perché spesso fatti in nero (pensiamo a tutte le collaboratrici familiari, le badanti, oppure a chi lavora nei campi o fa il muratore alle dipendenze di ditte edili) o in grigio, cioè dichiarati solo per una parte delle ore veramente lavorate. Certo, questo sfruttamento riguarda anche tanti italiani, soprattutto giovani. Questo è anche uno dei motivi per cui sempre più spesso lasciano l'Italia, specialmente se hanno studiato e sono preparati. Ma anche questo lo abbiamo già detto. E infatti una comune condizione di sfruttamento dovrebbe unire anziché dividere, per cercare di lottare insieme per un mercato del lavoro più giusto. Invece ci hanno fatto credere che gli stranieri rubano il lavoro agli italiani, cosa che non è vera perché nessun italiano vorrebbe fare questi lavori, e così hanno creato divisione e ostilità tra chi condivide invece gli stessi problemi.»

«Comunque da quando sono stati tolti finanziamenti alle cooperative, sono diminuite le loro partecipazioni ai bandi di gara: visto? Non hanno più interessi economici e quindi ci rinunciano, è chiaro.»

Il ragazzo sui trent'anni continua a parlare al telefono guardando la strada e le auto che passano. La ragazza dai ricci morbidi e rossi, in contrasto con la pelle bianchissima, chiude la chiamata, si infila lo smartphone velocemente in tasca e con entrambe le mani, una volta vicino, copre gli occhi del ragazzo ancora al telefono, da dietro.

«Ecco, questo è vero, il decreto 2018 ha portato i famigerati 35 euro a soli 26 o 21 euro come massimale giornaliero per immigrato nelle gare di affidamento a privati dell'accoglienza dei richiedenti asilo, e molti enti hanno cominciato a disertare queste gare. Ma non, come è stato detto, perché non ci lucrano più, visto che molti sono enti molto seri e ben strutturati che si sostenevano anche prima di accedere a questi fondi e continueranno a sostenersi anche senza di essi. Piuttosto perché, avendo il decreto sicurezza 2018 eliminato la possibilità di attivare, per gli ospiti dei Centri di accoglienza gestiti da tali enti, corsi di lingua italiana, formazione, orientamento, inserimento sociale, consulenza legale e psicologica (in una sola parola: tutto quello che può aiutarli nell'integrazione), e avendo ridotto l'accoglienza a una pura ospitalità alloggiativa protratta per lunghi mesi di inattività forzata, l'intervento dei soggetti che operano nel sociale è diventato superfluo. Sarebbe sufficiente quello di gestori di strutture alberghiere. Certo, è tutto molto strano se si considera che, nella campagna elettorale precedente, proprio chi ha promosso questo decreto si era invece scagliato contro il fatto che fino ad allora "gli immigrati venivano ospitati senza far niente negli alberghi a 5 stelle": esattamente quello che lui stesso ha poi sancito per legge con questo decreto.»

«Lo vede allora che ho ragione?! AIUTIAMOLI A CASA LORO!»

«Oh santa pazienza! Come ho detto prima, costano comunque meno di quanto fanno ricavare. Non solo all'Italia, ma anche ai loro Paesi d'origine, infatti nel 2017 hanno inviato soldi alle loro famiglie rimaste nei Paesi di provenienza per oltre 5 miliardi di euro, saliti a 6,2 miliardi nel 2018. In entrambi i casi è una cifra superiore a quella che l'Italia destina agli aiuti allo sviluppo, secondo gli accordi internazionali che il nostro Paese ha firmato: ripeto, firmato! Addirittura nel 2018 l'Italia ha decurtato di un terzo il proprio contributo per i Paesi più poveri, quindi altro che "aiutiamoli a casa loro"... Ad aiutarsi a casa loro ci pensano già loro stessi, più di quanto facciamo noi! E a proposito di tasse: abbiamo sentito dire che lo Stato spende troppo per gli immigrati perché deve ogni anno pagare fino a 5 miliardi di euro per l'accoglienza. A parte che di questi soldi una parte la copre l'Unione europea, e dal 2018 il Governo ha abbassato i costi per l'accoglienza e l'integrazione mentre ha alzato quelli per i rimpatri (anche se poi non è riuscito a effettuarne di più, perché mancano gli accordi di riammissione con i Paesi d'origine). Ma lei lo sa invece a quanto ammonta la cifra che ogni anno lo Stato perde a causa dell'evasione fiscale?»

Arriva l'autobus numero 20 davanti a loro. L'uomo vicino, con la fronte imperlata di sudore, si alza in piedi e muove tre passi avanti.

«No? Glielo dico io: 109 miliardi di euro. C-e-n-t-o-n-o-v-e miliardi! Stranamente di questa cifra non si parla così spesso come di quella che riguarda l'accoglienza degli immigrati, sebbene sia quasi 22 volte più alta. Altro che "siamo pieni di invasori": l'Italia, semmai, è piena di evasori! E questi, sì, sono soprattutto italiani.»

Le porte dell'autobus numero 20 si aprono. L'uomo in piedi sale a bordo.

«Ma non aveva detto che aspettava...»

«E comunque...»

L'uomo si volta indietro.

«E comunque il cous cous mi ha sempre fatto schifo. E tu prenditi un Maalox, e impara a rispettare chi la pensa diversamente, buonista del cazzo!»

Le porte si chiudono. L'autobus riparte. Oltre la strada, sulla panchina, sono seduti accanto la ragazza coi ricci morbidi e rossi, in contrasto con la pelle bianchissima, e il ragazzo sui trent'anni. E sono abbracciati. E si stanno baciando. E il sole è ormai alto. Aspettando il 22.

Ogni dato utilizzato proviene dal Centro Studi e Ricerche IDOS, che ringrazio per la pazienza e l'enorme disponibilità nel rispondere alle mie "cattive" domande. Per ulteriori approfondimenti consultare la versione più aggiornata del Dossier Statistico Immigrazione di IDOS.

Ringraziamenti

Ringrazio Luca Solfanelli, spacciatore sano di suggerimenti folli.

Ringrazio chi per primo ha creduto in questo lavoro, Pippo Civati: la mia prima “X” su una scheda elettorale, oggi amico e compagno di battaglie.

Ringrazio Stefano Catone per la pazienza e la sopportazione.

Ringrazio Gianni “Gipi” Pacinotti perché la sua copertina è un regalo prezioso.

Ringrazio il presidente Luca Di Sciullo e tutto il Centro Studi e Ricerche IDOS per l’aiuto, la stima e le idee che sono certo porteremo avanti insieme, combattendo l’odio con più forza.

Ringrazio ognuno degli hater menzionati, quelli ignorati e quelli che non ho mai letto, ma soprattutto tutti quelli che arriveranno a ricordarmi da che parte non smetterò di voler stare.

Ringrazio i "Buonisti" che in questo libro si sono riconosciuti, chi ha scelto di non chiudere ma spalancare: le braccia, i sorrisi, i porti, l'umanità.

Ringrazio i "cattivisti" che magari, leggendo, hanno cambiato posizione. Questo sì che sarebbe un bel miracolo!

E infine grazie a chi viaggia a testa alta, senza mollare i propri sogni, armato di coraggio e ideali colorati: ogni passo al futuro, senza muri né barriere, è solo merito vostro!

Indice

Collana *Storie*

1. Giuseppe Civati (a cura di), *Liliana Segre. Il mare nero dell'indifferenza*
2. Carolina Morace, *La prima punta*, prefazione di Michele Uva
3. Flavio Alivernini, *La grande nemica. Il caso Boldrini*, prefazione di Nicola Biondo, postfazione di Carlo Leoni
4. Francesco Foti, *Alexandria Ocasio-Cortez. La giovane favolosa*, prefazione di Marianna Aprile
5. Stefano Catone, *Camminare. Lungo i confini e oltre*
6. Espérance Hakuzwimana Ripanti, *E poi basta. Manifesto di una donna nera italiana*

Certificato PEFC
Questo prodotto è realizzato con materia prima da foreste gestite in maniera sostenibile e da fonti controllate
PEFC/18-31-226
www.pefc.it

Finito di stampare per conto di People s.r.l.
nel mese di gennaio 2020
da Grafica Veneta S.p.A.
Stabilimento di Trebaseleghe (PD)